mort gris vide cris plein
sonne pan pan tan gris vide
cris
cris vide gris sonne mort
ouvert

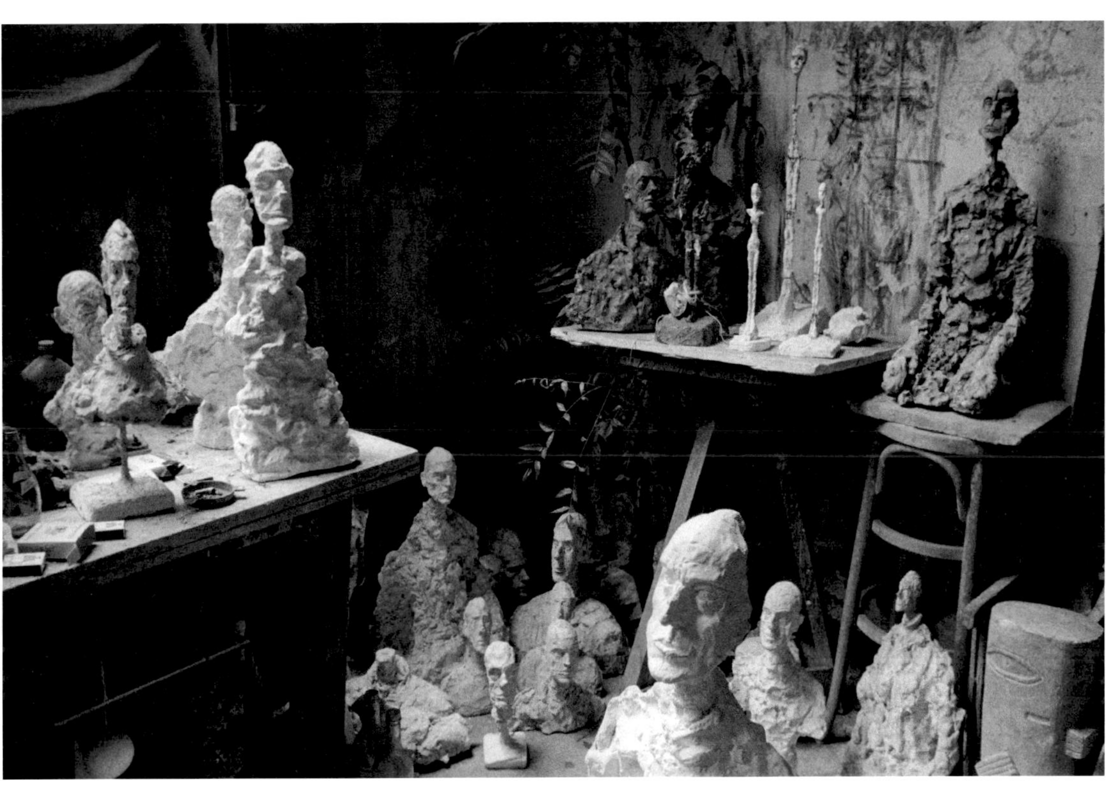

Gris, Vide, Cris

Coorganização / *Co-organisation*

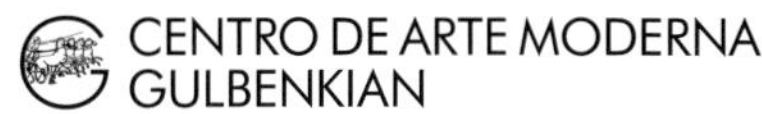

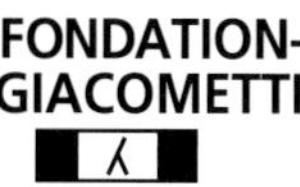

Chafes

Giacometti

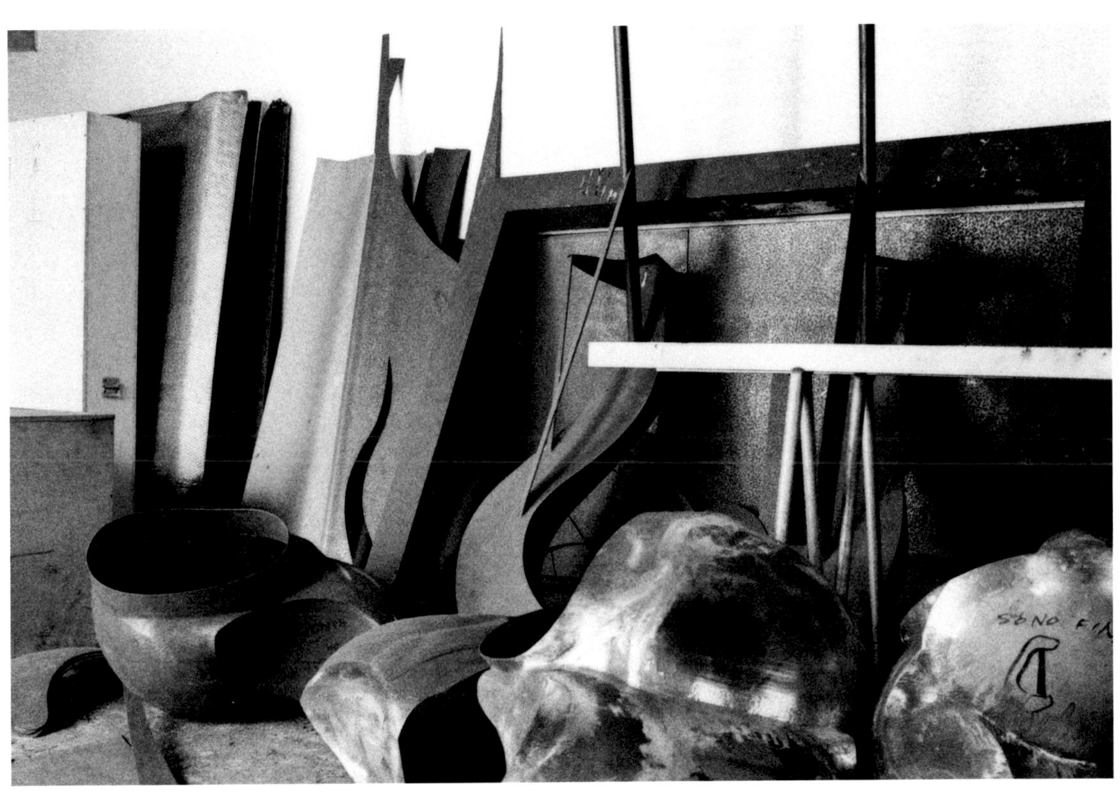

Um encontro da terra e do tempo

Dentro do corpo haverá algo de sublime
— NOVALIS[1]

Alberto Giacometti e Rui Chafes encontram-se graças à sabedoria e à intuição de Helena de Freitas. É por aqui que devo começar, com o prazer muito especial de encontrar dois autores que muito admiro. Nunca esquecerei, ao longo dos anos, o meu encontro matinal nos meus tempos da UNESCO com Giacometti caminhando pela rue Miollis em Paris. Era um encontro certo com a inconfundível marca do escultor que em cada dia nos ensinava, naquela entrada de onde trabalhávamos, que arte é vida. Aí conversei longamente com o meu amigo Jean-Marie Domenach e a querida e saudosa Helena Vaz da Silva — mas também aí reencontrámos Jean d'Ormesson, regressado de uma missão fracassada para evitar o bombardeamento de Dubrovnik... «Um homem que caminha na rua não pesa nada»[2]. Ali estava a representação da imponderabilidade da obra de arte, rodeada do mundo da vida, a dizer-nos que a educação, a ciência, a comunicação e a cultura têm uma relação mútua natural, permanente e obrigatória. Nesse tempo ainda não tinha conhecido Rui Chafes, mas, a pouco e pouco, quando fui tomando contacto com a sua personalidade e criação, fui compreendendo a importância da forma, do peso das coisas e do paradoxo entre a imponderabilidade e a potência... E é esse encontro que agora posso compreender melhor, graças a esta singular convergência — na qual, antes de tudo, encontramos o elogio da forma e da dimensão. E aqui não posso deixar de lembrar que Rui Chafes nos leva a uma comunicação extraordinária com os mestres antigos. E permitam-me que recorde o facto de o escultor ser também tradutor para português da obra *Fragmentos de Novalis* (Assírio & Alvim, 1992). Se o faço é para mostrar a coerência que existe entre a subtileza do pensamento de Novalis e o modo como Chafes lida com a matéria. É a noção dinâmica de criação cultural que está em causa — como bem entendeu Giacometti, «toda a arte do passado, de todas as épocas, de todas as civilizações, surge diante de mim, tudo é simultaneamente como se o espaço tomasse o lugar do tempo»[3]. Espaço e tempo confundem-se, sem esforço especial, como Novalis no-lo disse sempre na sua incessante busca da perenidade e do eterno. Neste encontro, que deve ser visto muito mais do que comentado, é a arte e a cultura que se misturam como modos de sentir. Deixemos, por isso, o espectador ou o visitante surpreender-se pelo inesperado desta conversa. Por isso mesmo, recordei os meus diálogos em torno da representação de Giacometti na rue Miollis, na UNESCO de Paris. De que falávamos nesse final dos anos de 1980? Do retorno do trágico, do encontro da razão e do absurdo — longe de sabermos tudo aquilo que se veio a passar numa tremenda aceleração da História... Hoje Giacometti e Chafes levam-nos por esse caminho e trazem-nos, em escalas opostas, a compreensão de que «a luz vem das trevas, pois é aí que nasce a luz»[4]. A Fundação Calouste Gulbenkian, através da Delegação de Paris, tem especial orgulho em apresentar ao grande público uma visão talvez diferente da escultura e da arte num encontro entre um clássico e um moderno, sendo que aqui ambos se confundem e distinguem sempre.

Depois da apresentação na Delegação de Paris da Fundação Calouste Gulbenkian, é o momento de podermos acolher em Lisboa este singular encontro, que nos permite compreender melhor dois artistas fundamentais de uma contemporaneidade alargada.

Guilherme d'Oliveira Martins
Administrador
Fundação Calouste Gulbenkian

Este texto foi escrito por ocasião da exposição em Paris e atualizado para esta publicação.

1 — Novalis, *Fragmentos de Novalis*. Lisboa: Assírio & Alvim, 1992.

2 — Traduzido do original: «Un homme qui marche dans la rue ne pèse rien», in «Alberto Giacometti. Le long dialogue avec la mort d'un très grand sculpteur de notre temps», entrevista com Jean Clay, *Réalités*, n.º 215, dezembro de 1963, pp. 135-144.

3 — Traduzido do original: «Tout l'art du passé, de toutes les époques, de toutes les civilisations, surgit devant moi, tout est simultané comme si l'espace prenait la place du temps», in Alberto Giacometti, «Notes sur les copies», *L'Ephémère*, n.º 1, 1967, p. 105.

4 — Rui Chafes, «O perfume das buganvílias», in *Entre o Céu e a Terra*. Lisboa: Documenta, 2012, p. 39.

A meeting of earth and time

> There must be something
> sublime inside the body
> —NOVALIS[1]

Alberto Giacometti and Rui Chafes were brought together thanks to the wisdom and intuition of Helena de Freitas. This is where I must begin, with the very special pleasure of meeting two artists I greatly admire. I will never forget my morning meeting with Giacometti walking along rue Miollis in Paris during my UNESCO *days, many years ago. It was an encounter that bore the unmistakable mark of a sculptor who taught us every day at that entrance where we worked that art is life. There I spoke at length with my friend Jean-Marie Domenach and with the dearly missed Helena Vaz da Silva. There too we again met Jean d'Ormesson, returning from a failed mission to deter the bombardment of Dubrovnik... 'A man walking in the street weighs nothing.'[2] There was the representation of the imponderability of the artwork, surrounded by the world of life and the living, impressing upon us that education, science, communication and culture have a natural, permanent and compulsory mutual relationship. At that time I had not yet met Rui Chafes, but, little by little, as I came into contact with him and the world of his creation, I understood the importance of form, the weight of things, and the paradox between imponderability and power. And it is that encounter that I can now better understand, thanks to this singular convergence—in which first and foremost we find a praise of form and dimension. And here I must remember that Rui Chafes places us in an extraordinary communication with the old masters. And let me recall that the fact that the sculptor is also the translator into Portuguese of Novalis's* Fragments *(Assírio & Alvim, 1992) demonstrates the coherence between the subtlety of Novalis's thought and the way Chafes deals with matter. It is the dynamic notion of all cultural creation that is at stake—as Giacometti well understood, 'all the art of the past rises up before me, the art of all ages and all civilizations, everything becomes simultaneous, as if space had replaced time.'[3] Space and time blend together, without any particular effort, as Novalis always reminded us in his incessant search for the perennial and the eternal. In this encounter, which should be seen much more than commented upon, it is art and culture that merge together as modes of feeling. Let us thus allow the visitor to be surprised by this extraordinary dialogue. It is for that very reason that I recall my conversations around Giacometti's representation in rue Miollis at* UNESCO *Paris. What were we talking about in the late 1980s? Of the return of the tragic, of the encounter between reason and absurdity—far from understanding everything that was taking place during that tremendous acceleration of History. Today Giacometti and Chafes take us along that same path and offer us, in contrasting scales, an understanding that 'light comes from darkness, for that is where light is born.'[4]*

Calouste Gulbenkian Foundation, through its Paris Delegation, has been especially proud to present in 2018 to the general public a perhaps different vision of sculpture and art, in an encounter between a classic and a modern, here both confused yet always distinct. It is now time to welcome this singular encounter to Lisbon, allowing us to better understand two fundamental artists of broad contemporaneity.

Guilherme d'Oliveira Martins
Trustee
Calouste Gulbenkian Foundation

This text was written on the occasion of the Paris exhibition and now updated.

1 — *Translated from Portuguese, in Novalis,* Fragmentos de Novalis. *Lisbon: Assírio & Alvim, 1992.*

2 — *Translated from the original: 'Un homme qui marche dans la rue ne pèse rien', in 'Alberto Giacometti. Le long dialogue avec la mort d'un très grand sculpteur de notre temps', interview with Jean Clay,* Réalités, *no. 215, December 1963, pp. 135–144.*

3 — *Translated from the original: 'Tout l'art du passé, de toutes les époques, de toutes les civilisations, surgit devant moi, tout est simultané comme si l'espace prenait la place du temps', in Alberto Giacometti, 'Notes sur les copies',* L'Ephémère, *n.º 1, 1967, p. 105.*

4 — *Rui Chafes, 'O perfume das bungavílias', in* Entre o Céu e a Terra. *Lisbon: Documenta, 2012, p. 39.*

Chafes e Giacometti: habitando o espaço

Em anos recentes, o CAM — Centro de Arte Moderna Gulbenkian tem vindo a organizar um conjunto de exposições que reúnem o trabalho de artistas contemporâneos de renome com o de mestres modernos, oferecendo novas perspetivas sobre o *continuum* da história da arte e refletindo sobre a forma como o trabalho de uma figura contemporânea lança nova luz sobre a obra de artistas modernos fundamentais e vice-versa.

Esta publicação acompanha um segundo encontro, desta vez entre a obra de Rui Chafes, destacado artista português nascido em 1966, e a de Alberto Giacometti, um mestre maior da arte do século XX cuja vida terminou no mesmo ano em que começou a de Chafes.

Em 2018, foi apresentada a primeira exposição conjunta destes artistas em Paris, cidade onde Giacometti viveu a maior parte da sua vida; cinco anos mais tarde, a exposição é mostrada em Lisboa, onde Chafes reside. Helena de Freitas é a comissária das duas edições. Para esta segunda versão de *Gris, Vide, Cris*, a seleção de obras de ambos os artistas mudou, revelando talvez a crescente intimidade e profundidade da relação de Rui Chafes com a obra do seu ilustre antecessor. Talvez seja também por isso que foi escolhido o arquiteto José Neves na adaptação a este novo espaço expositivo, continuando este renovado diálogo.

Efetivamente, para além do encontro do trabalho dos dois artistas, foi imaginada uma forma de moldar a experiência dos visitantes com as esculturas. A relação entre as obras de arte e o espaço que habitam torna-se parte integrante da experiência do visitante. Em vez de apresentarem estas obras num contexto expositivo neutro — o proverbial *white cube* —, foram concebidos ambientes de proporções domésticas onde as esculturas são, de certa forma, habitantes. A visita torna-se mais íntima; o ritmo, mais lento.

Esta ênfase dada ao espaço e à sua importância para a experiência da escultura é exemplar da relação de Chafes com a mesma: de facto, os seus objetos negros e mate funcionam quase como espaço negativo, numa referência direta a um conceito japonês transmitido pelo *kanji* 間 (Ma).

Esta declaração arquitetónica também cria condições para uma nova aproximação à obra de Alberto Giacometti e uma melhor compreensão da sua relação com o espaço, encorajando o visitante a ponderar a essência da escultura, bem como a extraordinária dinâmica que existe entre estes dois corpos de trabalho. O intimismo do cenário revela também as preocupações partilhadas pelos dois artistas acerca do estado da humanidade, da fragilidade da vida, e da sua relação com o tempo e a intemporalidade.

Foi um extraordinário privilégio voltar a colaborar com a Fondation Giacometti, em Paris, e gostaríamos de agradecer a Catherine Grenier, diretora da instituição, Émilie Bouvard, a sua diretora científica, bem como a todos os seus colegas, pelo inestimável apoio prestado. Uma vez mais, a Fondation Giacometti disponibilizou obras essenciais das suas reservas à Fundação Calouste Gulbenkian.

Os nossos agradecimentos vão também para Helena de Freitas, pelo seu empenho na apresentação deste novo capítulo da conversa entre Chafes e Giacometti, bem como para José Neves, pela sua perspicaz reformulação da galeria de exposições. A nossa gratidão estende-se também a todos os nossos colegas do CAM e da Fundação Calouste Gulbenkian que produziram esta extraordinária exposição e colaboraram nesta publicação.

Benjamin Weil
Diretor
Centro de Arte Moderna Gulbenkian

Chafes and Giacometti: inhabiting space

In recent years, CAM—Centro de Arte Moderna Gulbenkian has organised various exhibitions that bring together the work of prominent contemporary artists with that of modern masters, offering new perspectives on the continuum of art history and reflecting upon the way the work of a contemporary figure sheds new light on the work of essential modern artists, and vice-versa.

This publication accompanies a second encounter between the work of Rui Chafe—a celebrated Portuguese artist born in 1966—and that of Alberto Giacometti—a great master of twentieth-century art, whose life ended the same year as Chafes's started.

In 2018, the first joint exhibition of these artists was presented in Paris, where Giacometti lived most of his life. Five years later, the exhibition is being shown in Lisbon, the home of Chafes. Helena de Freitas is the curator of both exhibitions. For this second version of Gris, Vide, Cris, *the selection of works by both artists has changed, perhaps revealing how Rui Chafes's relationship with the work of his illustrious predecessor has grown more intimate and deeper. This may also be why architect José Neves was chosen to adapt the exhibition to this new space where this conversation can be revived and continued.*

Indeed, beyond the encounter between the two artists' work, a means of shaping the way visitors react to the sculptures was also imagined. The relationship between the artworks and the space they inhabit becomes an integral part of the visitor experience. Rather than presenting these works in a somewhat neutral exhibition context—the proverbial 'white cube'—environments of domestic proportions were designed, in which the sculptures are inhabitants of sorts. The visit is more intimate; the pace is slower.

This emphasis on space and its importance in the experience of sculpture exemplifies Rui Chafes's relationship with sculpture: indeed, his matte black objects almost function like negative space—a direct reference to a Japanese concept best described by the Kanji character 間 *(Ma).*

This architectural statement also creates new conditions in which to approach the work of Alberto Giacometti and to better understand his relationship with space. This hopefully encourages the visitor to ponder the essence of sculpture, and the extraordinary dynamics that exist between these two bodies of work. The intimate setting also reveals how these two artists share concerns about the state of humankind, the fragility of life, and their relationship with time and timelessness.

It has been a great privilege to once again collaborate with Fondation Giacometti, Paris, and we would like to thank Catherine Grenier, its Director, Émilie Bouvard, its Scientific Director, and all their colleagues for their invaluable support. Once again, the Fondation Giacometti made essential works from its holdings available to the Calouste Gulbenkian Foundation.

Our thanks also go to Helena de Freitas for her commitment to the staging of this new chapter in the conversation between Chafes and Giacometti, as well as to José Neves for his insightful rethinking of the exhibition gallery. Our gratitude also extends to all our colleagues at CAM and the Calouste Gulbenkian Foundation who produced this great exhibition and collaborated on this publication.

Benjamin Weil
Director
Centro de Arte Moderna Gulbenkian

Alberto Giacometti,
Rui Chafes.
Gris, Vide, Cris

Helena de Freitas

Parte II. Lisboa (2023)

Cinco anos depois de uma primeira apresentação em 2018, na Delegação em França da Fundação Calouste Gulbenkian, Rui Chafes e Alberto Giacometti são expostos na sede da Fundação Gulbenkian em Lisboa, unidos pelas mesmas palavras — *Gris, Vide, Cris* —, num espaço maior, diferente e com mais obras.

O tempo que decorreu entre estes dois momentos permitiu que se incorporasse a história deste encontro que, na verdade, se expandiu, no tempo e na geografia, para fora dos limites previamente previstos.

Mantenho intacto o ensaio de 2018 e acrescento um novo texto correspondente à nova edição da exposição, onde faço uma reflexão sobre as duas.

Em 2018, no espaço institucional de um prédio *haussmaniano*[1], Rui Chafes recebeu, com as suas esculturas, Alberto Giacometti, conduzindo-nos a uma primeira visão das obras do escultor suíço. Em 2020[2] houve uma devolução simbólica desse olhar em Stampa, na Suíça; Giacometti acolhe agora, no seu território familiar e artístico, uma poderosa escultura de Rui Chafes, *Occhi che non dormono*[3], herdeira de *La Nuit*, apresentada em Paris e que ficará para sempre a apontar na paisagem o lugar onde Giacometti nasceu e trabalhou[4].

Chegados a 2023, a exposição que agora se apresenta integra as imagens e a memória destes dois momentos e permite acrescentar um espaço de reflexão.

Mesmo sabendo que estaremos num espaço de museu totalmente diferente, com um projeto de arquitetura[5] específico e com novas obras, é importante transmitir o essencial dessa primeira experiência simultaneamente intelectual e física.

Em 2018, Rui Chafes conduziu-nos por uma via de onde foi impossível sair indiferente. A entrada na exposição fez-se pelo interior de uma escultura (*Au-delà des Yeux*, de 2018), espaço aberto para o negro, num percurso indecifrável e imprevisível que não permitia velocidade ou pressa e exigia um tempo

1 — Em 2018 o espaço de exposições da Fundação Calouste Gulbenkian em França situava-se no 39, Boulevard de la Tour-Maubourg, Paris.

2 — Na sequência do convite da Fondazione Centro Giacometti, feito a Rui Chafes em 2018 por Virginia Marano e formalizado por Marco Giacometti, diretor desta instituição.

3 — Olhos que não dormem.

4 — No espaço final da exposição é apresentado um diaporama com uma sequência de imagens fotográficas desta escultura na paisagem, escolhida e sequenciada por Pedro Falcão, *designer* gráfico da exposição e da presente publicação.

5 — Para desenhar o espaço desta exposição foi convidado o arquiteto José Neves.

Part II: Lisbon (March 2023)

Five years after the initial presentation in 2018, at the Calouste Gulbenkian Foundation's Delegation in France, Rui Chafes and Alberto Giacometti are being exhibited together again at the Foundation's head office in Lisbon, united by the same words, Gris, Vide, Cris, *in a larger, different space, and with additional works.*

The time that has elapsed between these two moments has allowed us to incorporate the history of this encounter that, in truth, has expanded, in time and in geography, beyond the limits previously envisaged.

I'm keeping the 2018 essay intact and adding a new text corresponding to the new edition of the exhibition, where I reflect on the two.

In 2018, in the institutional space of a Haussmannian[1] *building, Rui Chafes used his own sculptures to receive Alberto Giacometti, allowing us a first view of the Swiss sculptor's works. In 2020,[2] that gaze was symbolically returned in Stampa, Switzerland; Giacometti now welcomed, on his own familiar artistic turf, a powerful sculpture by Rui Chafes,* Occhi che non dormono *[Eyes that do not sleep], descended from* La Nuit, *which was presented in Paris and will always allude to the landscape in which Giacometti was born and worked.[3]*

The exhibition presented in 2023 includes the images and memory of these two earlier events and allows us to add a space of reflection.

Although aware of being in an entirely different museum space, with a specific architectural project[4] and with new works, it is important to convey the essential aspects of that first experience that was simultaneously intellectual and physical.

*In 2018, Rui Chafes guided us along a path from which we could not exit indifferently. The exhibition was entered through the inside of a sculpture (*Au-delà des Yeux, *from 2018), a space that opened into darkness, via an indecipherable and unpredictable route ill-suited to speed or hurry, instead demanding time for adaptation and revelation.* Vagar *(slowness) was therefore one of the three words that it seemed appropriate to add*

1 — In 2018, the Calouste Gulbenkian Foundation's exhibition space in France was located at 39 Boulevard de la Tour-Maubourg, Paris.

2 — At the invitation of the Fondazione Centro Giacometti, extended to Rui Chafes in 2018 by Virginia Marano and formalised by Marco Giacometti, director of the institution.

3 — The final space of the exhibition presents a slide show of a sequence of photographs of this sculpture in the landscape, chosen and sequenced by Pedro Falcão, graphic designer for this exhibition and this catalogue.

4 — The architect José Neves was invited to design the space for this exhibition.

de adaptação e revelação. Vagar, ou lentidão, foi por isso uma das três palavras que fez sentido acrescentar ao léxico[6] que une os dois escultores. Encontramos logo aqui o enunciado de uma rutura, não apenas na relação espacial do visitante com a obra, que se inverte, deslocando-se do lugar passivo de observador externo, para fazer corpo com ela, como na sua relação temporal, necessariamente desacelerada.

O caminho que nos conduz a ver as obras de Giacometti pelo interior de duas das esculturas de Chafes não é fácil, faz-se através de um espaço constrito, que poderá fazer eco com o processo de exasperação que, durante anos, atormentou o artista suíço, na sua tentativa de representar o que via. O que nos leva a recuperar um dos desígnios fundamentais à construção deste projeto: a visão. Mas para recebermos essa experiência de visão e de revelação, somos introduzidos num espaço sensível, onde a emoção é possível. Enfrentamos a escuridão, o desconhecido e o desequilíbrio, ouvimos o som dos passos, sentimos o cheiro do ferro e o contraste das escalas, podemos tocar a escultura ou mesmo senti-la como invólucro ou pele, o que introduz uma dimensão sensorial a esta experiência à partida rigorosamente formal. E que, na verdade, se encontra com os sentidos presentes no seu título: *Gris, Vide, Cris*.

O corpo nas suas infinitas possibilidades é o centro da exposição, os corpos criados, os corpos dos visitantes e o espaço que existe entre eles.

Sabemos como as analogias formais entre os dois artistas são irrelevantes. Na verdade, o protocolo comparativo entre os escultores ou o próprio modelo da dualidade (dois artistas, um diálogo) acabam por ser ultrapassados. Para lá dessa assinatura dupla, ou da declinação formal entre objetos presentes (e há muito que sabemos que ambos os escultores não fazem *objetos*), o que nos é

6 — Foi tomada a opção curatorial de manter e acrescentar o léxico publicado no catálogo da exposição de Paris, em 2018.

to the lexicon[5] that links the two sculptors. Here we find an immediate statement of rupture, not just in terms of the visitor's spatial relationship with the work, which is inverted, moving from the passive status of external observer to forming a body with it, but also in their necessarily slower temporal relationship.

The path that leads us to view Giacometti's works through the inside of two of Chafes's sculptures is not an easy one, travelling through a constricted space, echoing the exasperating process that tormented the Swiss artist for years as he attempted to represent what he saw. And this brings us back to one of the fundamental aspects of the construction of this project: vision. But for us to receive that experience of vision and revelation, we must enter a sensitive space, where emotion is possible. We face the darkness, the imbalance and the unknown, we hear the sound of footsteps, we can sense the smell of iron and the contrast of scales, we can touch the sculpture, or at least feel it like a wrapper or skin, which introduces a sensory dimension to this otherwise strictly formal experience. And indeed, this can be found in the senses present in its title: Gris, Vide, Cris.

The body, in its infinite possibilities, is the centre of the exhibition, the bodies created, the bodies of visitors, and the space that exists between them.

We know that the formal analogies between the two artists are irrelevant. In truth, the comparative protocol between the sculptors, or the model of duality itself (two artists, one dialogue) is eventually superseded. Beyond the two names, or the formal distance between the objects on display (and we have known for a long time that neither sculptor makes objects*), what we are given to experience is a force field, permeated by the resonance of the works,[6] as well as by that immaterial energy that, in many inverse ways, both artists pursued and in which they ended up meeting.*

In total, the Lisbon exhibition adds ten works to the first edition. The immense generosity of the Fondation Giacometti in Paris has allowed us not just to keep all the most

5 — The decision was made to maintain and add to the lexicon published in the catalogue for the exhibition in Paris, in 2018.

6 — According to Bruce Bégout's concept of ambience.

dado a experimentar é um campo de forças, atravessado pela ressonância das obras[7], assim como por essa energia imaterial que, de modos muito inversos, ambos os artistas perseguiram e onde acabaram por se encontrar.

No total, a exposição de Lisboa acrescenta dez obras à sua primeira edição. A imensa generosidade da Fondation Giacometti de Paris permitiu não só reservar a totalidade das suas esculturas mais essenciais, como acrescentar quatro outras, que tornam esta exposição mais densa e a sua teia de relações mais complexa. As novas obras que agora recebemos colocam desafios, impõem-se no espaço com uma corporeidade muito diferente das primeiras esculturas escolhidas, mais vulneráveis e desmaterializadas. São figuras de médio porte, pesadas e majestosas.

Uma nova série de Rui Chafes retoma alguns caminhos e avança outros, mas em todas as obras realizadas para esta nova apresentação encontramos um modo de aprofundar e radicalizar os pontos de tensão, um jogo de oxímoros também entre passado e presente. Algumas destas esculturas (*Nada existe*) continuam formas anteriores. No avesso destes corpos abandonados, suspensos, onde pela primeira vez o artista rasgou a pele de seda das suas esculturas para deixar entrever a rugosidade e as cicatrizes da sua construção, encontrámos as primeiras marcas deste encontro escultórico.

Tu nem sequer me vês (2021) é uma escultura mais recente, um corpo defensivo e vigilante, feito para viver numa diagonal ou esquina, como massa excrescente. Escultura-gárgula, cumpre no espaço esse seu desígnio histórico, enquanto defende, teatraliza e escoa. Esta *gargouille* [garganta] parece conter, na poderosa arquitetura do seu alçado de formas, uma outra configuração de grito ou de som, abafado, surdo, derramado. Em tudo oposto à forma exuberante e

7 — De acordo com o conceito de ambiência, de Bruce Bégout.

essential sculptures in the exhibition, but also to add a further four, which make this version even denser and its web of relationships more complex. The new works on display pose challenges, imposing themselves in the space with a very different materiality from the first sculptures chosen, more vulnerable and with less physical substance. They are medium-sized figures, heavy and majestic.

*A new series by Rui Chafes picks up some paths and advances further along others, but in all the works created for this new encounter we find a way of deepening and radicalising the points of tension, as well as a play of oxymorons between past and present. Some of these sculptures (*Nada existe *[Nothing exists]) are a continuation of earlier forms. On the reverse of these abandoned, suspended bodies, where for the first time the artist rips through the silky skin of his sculptures to allow us to glimpse the roughness and scars of their construction, we find the first marks of this sculptural encounter.*

Tu nem sequer me vês *[You don't even see me], from 2021, is a more recent sculpture, a defensive and vigilant body, made to live on a diagonal or on a corner, as an excrescent mass. A sculpture-gargoyle, it fulfils its historical function in the space, defending, dramatising, and draining. This* gargouille *(throat) seems to contain, in the powerful architecture of its elevated forms, another configuration of shouts or muffled, scattered sounds. It is as different as it could be to the exuberant and expansive form of the dying breath of* La Nuit, *and in symphony with the image of Giacometti's bodies, silent, heavy, and significant, on the solid bases that hold them.*

It is undoubtedly by questioning this integral element of the Swiss sculptor's works that Rui Chafes develops his most recent sculptures, Aprendemos a esquecer I *and* II *[We learn to forget I and II], from 2021, on structures that we could call 'planes of support' or 'planes of suspension.' Supported on these iron plates, as fine as leaves and precisely outlined (at a specific angle), these sculptures, far from holding on to the ground, are thrown skywards,*

expansiva do sopro de morte de *La Nuit*, e em sintonia com a imagem dos corpos de Giacometti, silenciosos, pesados e significantes, sobre as sólidas bases que os sustentam.

Será certamente no questionamento desse elemento integrante das obras do escultor suíço que Rui Chafes desenvolve as suas esculturas mais recentes, *Aprendemos a esquecer I* e *II* (2021), sobre estruturas que poderemos chamar de «planos de suporte» ou «planos de suspensão». Apoiadas nestas placas de ferro, finas como folhas e precisas como um traço (num angulo específico), estas esculturas, longe de se agarrarem ao chão, são atiradas ao céu, erguem-se como asas partidas, num gesto de projeção impossível. Como se o artista invertesse a sua funcionalidade e, num jogo ótico, suspendesse no chão as esculturas que deveriam flutuar do teto, assim mantendo a sua imponderável vocação.

Neste desafio do olhar, cinco anos depois, assistimos à transformação da luz e ao rasto que transporta. Raras vezes somos surpreendidos por uma experiência artística tão intensa, onde são colocadas de modo estruturante, não ilustrativo e em diálogo exclusivo com a matéria artística, mudanças fundamentais do paradigma estético e ético, que hoje sobressaltam o mundo das artes. Sustentado numa conversa muito antiga que tem sabido continuar com os seus pares (Alberto Giacometti, entre outros), Rui Chafes mantém aceso e desassossegado o questionamento da arte e da sua função no mundo contemporâneo.

Construída sem guião rígido nem tema de agenda, nesta exposição poderemos reconhecer a reverberação intensa do pulsar da humanidade, como aquela que encontramos em cada dedada de Alberto Giacometti.

erecting themselves like broken wings, in a gesture of impossible projection, as though the artist has inverted their function and, in a visual game, suspended on the ground sculptures that should be floating from the ceiling, thus maintaining their imponderable nature.

In this visual challenge, five years later, we thus witness the transformation of the light and its lingering trail. It is unusual to be surprised by an artistic experience that is so intense, which presents in a structural rather than illustrative way, and in exclusive dialogue with the artistic matter, fundamental changes to the aesthetic and ethical paradigm, which today shock the art world. Sustained in a very old conversation that he has been able to continue with his peers (Alberto Giacometti, among others), Rui Chafes keeps alight and in motion the questioning of art and its function in the contemporary world.

In this exhibition, constructed with no rigid script or agenda, we can recognise the intense reverberation of the pulsation of humankind, as we do in each of Alberto Giacometti's fingerprints.

Part I. Paris (2018)

Gris, Vide, Cris[7]*: three words selected from a poem by Alberto Giacometti bring together in this exhibition two artists separated in space, in time, and in the forms of their sculptures. This might lead us to question the meaning and nature of this meeting. In fact, the artists never met. Rui Chafes was born in the year of Giacometti's death, 1966, and there are no biographical or historical details that compel us to follow a model of dialogue. From its inception, the exhibition has therefore simply been conceived as an* encounter.

The idea arose in a moment of clarity, without basis in formal analogy, mimicry, or sense of affinity. Through an awareness of the differences between them, but also, and especially, of the potential resonance between the works of the two artists, the project developed with an investigative energy to explore a territory of images and meanings.[8]

7 — *Grey, Void, Cries.*

8 — *The project for this exhibition was presented to the artist, who accepted the challenge, and to Catherine Grenier, director of the Fondation Giacometti, in Paris, who made it possible.*

Parte I. Paris (2018)

Gris, Vide, Cris[8]: três palavras escolhidas de um poema de Alberto Giacometti reúnem nesta exposição dois artistas, afastados no espaço, no tempo e nas formas que deram às suas esculturas. Pode, portanto, justamente, interrogar-se o sentido e a natureza desta reunião. Na verdade, os artistas não se cruzaram. Rui Chafes nasceu exatamente no ano da morte de Alberto Giacometti, em 1966, e não há matéria biográfica ou histórica para alimentar o modelo de um diálogo. Daí que a exposição se assuma, desde a sua génese, como um *encontro*.

A ideia surgiu com a força de uma clareza à qual não assiste qualquer analogia formal, mimetismo ou espírito de filiação. Pela consciência dessa diferença, mas também, e sobretudo, pelo potencial de ressonância das obras dos dois artistas, o projeto desenvolveu-se com a energia de uma pesquisa e de um território de imagens e de significados a explorar[9].

Se começarmos pelas aparências encontramos uma primeira dissonância, que corresponde ao enunciado de duas trilogias fundamentais e distintas: bronze, cinza e rugoso em Alberto Giacometti; ferro, negro e liso em Rui Chafes. Nestes dois cosmos, também os processos de realização são opostos, com Giacometti a trabalhar *d'après nature*, corpo a corpo com os seus modelos, moldando, subtraindo, corrigindo, deixando-se conduzir até ao ponto contrário, na desesperada configuração do invisível. Chafes não modela, constrói; quando as suas esculturas partem para construção na oficina, não têm retorno, é como se as desenhasse diretamente nesse material, não moldável e definitivo. E é no ferro pintado de negro e na metáfora do fogo que melhor encontramos o seu ponto de apagamento e de imaterialidade.

8 — Cinzento, Vazio, Gritos.

9 — O projeto desta exposição foi apresentado ao artista, que aceitou o desafio, e a Catherine Grenier, diretora da Fondation Giacometti, em Paris, que o viabilizou.

Beginning with appearances, we find the first dissonance, embodied by two fundamental and distinct trilogies: bronze, grey, and rough in Alberto Giacometti; iron, black, and smooth in Rui Chafes. In these two worlds, the creative processes are also opposed, with Giacometti working d'après nature, *body to body with his models, moulding, subtracting, correcting, allowing himself to be led to the opposite point, in the desperate configuration of the invisible. Chafes does not model, he constructs; when his sculptures leave for construction in the workshop, there is no return; it is as if he drew them directly on the material, unmouldable, and definitive. And it is in black-painted iron and the metaphor of fire that we most easily find their point of erasability and immateriality.*

In this initial analysis of the visible, we find the practice of writing as a common ground. Giacometti wrote extensively, and his texts, poems, and interviews are well-known; Chafes has a seminal relationship with words, not only in the written musings that regularly accompany his works, but also in the titles that evoke and expand on them.[9] *Giacometti's sculptures can live beyond the words with which he named them, whereas Chafes's incorporate the interpretative derivation of their names, thereby producing a single entity.*

The written thoughts of the two artists emerged early on as a prime conductor for this research, the first space for an encounter, in which twenty essential words were identified. A lexicon was thus created from various texts by Chafes, in which we can feel not so much Giacometti's tutelary presence as his shadow and radiance. Given the revelatory potential of this exhibition's ethos and what it can bring to our knowledge of the artists, this lexicon has been included in the catalogue, not least as an indication of some of the lines of research.

In this lexicon, which appears in alphabetical order, timelessness *might well be the primary word, the one that Giacometti enunciates in all his ideas and works, 'all*

9 — Rui Chafes also translated Novalis's philosophical fragments from German into the Portuguese version Fragmentos de Novalis. *Lisbon: Assírio & Alvim, 1992 (with drawings by the artist), during the period when he studied at the Kunstakademie Düsseldorf with Gerhard Merz (from 1990 to 1992).*

Nesta primeira análise do visível temos a prática da escrita como campo comum. Giacometti escreveu extensamente, estão publicados e são conhecidos os seus textos, poemas, entrevistas; Chafes tem com a palavra uma relação seminal, não só no pensamento escrito que regularmente acompanha as suas obras, mas também nos títulos que as evocam e expandem[10]. As esculturas de Giacometti podem viver para além das palavras com que as nomeou, as de Chafes incorporam a deriva interpretativa dos seus nomes, produzem com elas um só corpo.

O pensamento escrito dos dois artistas surgiu, num momento inicial, como um condutor privilegiado para esta pesquisa, primeiro espaço de encontro, onde foram identificadas vinte palavras essenciais. Assim, foi criado um léxico, feito a partir de diversos textos de Chafes, nos quais podemos sentir não tanto a presença tutelar de Giacometti, mas a sua sombra e irradiação. Pelo potencial revelador do espírito desta exposição e do que pode trazer para o conhecimento dos artistas, este léxico foi incluído no catálogo, também como indicador de algumas das linhas de pesquisa.

Neste léxico, alfabeticamente ordenado, *intemporalidade* poderia ter sido a primeira das palavras, aquela que Giacometti enuncia em todos os pensamentos e obras, «toda a arte do passado, de todas as épocas, de todas as civilizações, surge diante de mim, tudo é simultaneamente como se o espaço tomasse o lugar do tempo»[11].

1266 foi o ano que Rui Chafes escolheu para determinar o seu nascimento artístico[12], na Francónia, num tempo e espaço ficcionais onde, em registo autobiográfico, traça um caminho de aprendizagem com os mestres antigos, como Jacopo della Quercia, Jean Juste, Germain Pilon, Bernini, Novalis,

10 — Rui Chafes foi, ainda, tradutor do alemão para português do livro de Novalis *Fragmentos de Novalis*. Lisboa: Assírio & Alvim, 1992 (com desenhos do autor), durante o período em que estudou na Kunstakademie Düsseldorf com Gerhard Merz (de 1990 a 1992).

11 — Traduzido do original: «Tout l'art du passé, de toutes les époques, de toutes les civilisations, surgit devant moi, tout est simultané comme si l'espace prenait la place du temps», in Alberto Giacometti, «Notes sur les copies I», in *L'Ephémère*, n.º 1, 1967, p. 105.

12 — Rui Chafes, «A história da minha vida», in *Entre o Céu e a Terra*. Lisboa: Documenta, 2012, p. 11.

the art of the past rises up before me, the art of all ages and all civilisations, everything becomes simultaneous, as if space had replaced time.'[10]

The year 1266 was chosen by Rui Chafes to determine his artistic birth,[11] *in Franconia, in a fictional time and space where, in an autobiographical register, he charts a scholastic course with old masters, such as Jacopo della Quercia, Jean Juste, Germain Pilon, Bernini, Novalis, and Otto Runge. No twentieth- or twenty-first-century century artist is to be found in that text, and Tilman Riemenschneider*[12] *reigns supreme in this chain of selective affinities. In no way can Giacometti or Chafes be placed in a linear artistic time; they both resist the progressive vision of the moderns and position themselves as obstacles, stumbling blocks, and noise in the face of such a reading.*[13] *Their alignment is beyond History: the two sculptors meet in a place with no determined time, beyond objects and their similarity, in a cosmological space of nocturnal emptiness, without gravity or weight.*

'A man walking in the street weighs nothing'[14]*—this is the vision that Giacometti pursues and to which he attempts to lend substance. Chafes's sculptural work resides in the paradox of a heavy material that aspires to imponderability and elevation, akin to his master from Wurzburg, who knew how to transform stone into nervous and sensitive matter, sculpted by the wind. The artist clearly accepts the challenge posed by iron in works such as* L'Âme, prison du corps *[The Soul: Prison of the Body] (2004), suspended from the ceiling like a light bubble of air or perched on the ground by means of undulating silk-like ribbons, as with* Durante o Sono *[During Sleep] (2002). Or the iron curtain,* Whisper,[15] *that rustles in the wind in a Bamberg window.*

With some of the fundamental words mentioned, we can anticipate a physical meeting place, underpinned by emotional values of the invisible and immaterial.

This exhibition presents fifteen works by Alberto Giacometti (eleven sculptures and four drawings) and eight sculptures by Rui Chafes, all of which were conceived specifically

10 — Translated from the original: 'Tout l'art du passé, de toutes les époques, de toutes les civilisations, surgit devant moi, tout est simultané comme si l'espace prenait la place du temps', in Alberto Giacometti, 'Notes sur les copies', L'Ephémère, *no. 1, 1967, p. 105.*

11 — Rui Chafes, 'A história da minha vida,' in Entre o Céu e a Terra. *Lisbon: Documenta, 2012, p. 11.*

12 — Tilman Riemenschneider (c. 1460, Thuringia-1531, Würzburg), German sculptor. Known as the Würzburg Master, most of his works can be found in the Mainfränkisches Museum at the Marienberg Fortress in Würzburg.

13 — 'What interests me is exactly that which is outmoded, which is not of this time. I prefer art that does not fit the mould, a stone that is going to "jam the machine"', in Rui Chafes Sob a pele, conversas com Sara Antónia Matos. *Lisbon: Documenta, Cadernos do Atelier-Museu Júlio Pomar, 2015, p. 46.*

14 — Translated from the original: 'Un homme qui marche dans la rue ne pèse rien', in 'Alberto Giacometti. Le long dialogue avec la mort d'un très grand sculpteur de notre temps,' interview with Jean Clay, Réalités, *no. 215, December 1963, pp. 135–144.*

15 — Flüstern *(original title). A work exhibited in the German city of Bamberg at the exhibition* Rui Chafes in Bamberg, Seelenschatten, *which ran from May to August 2018.*

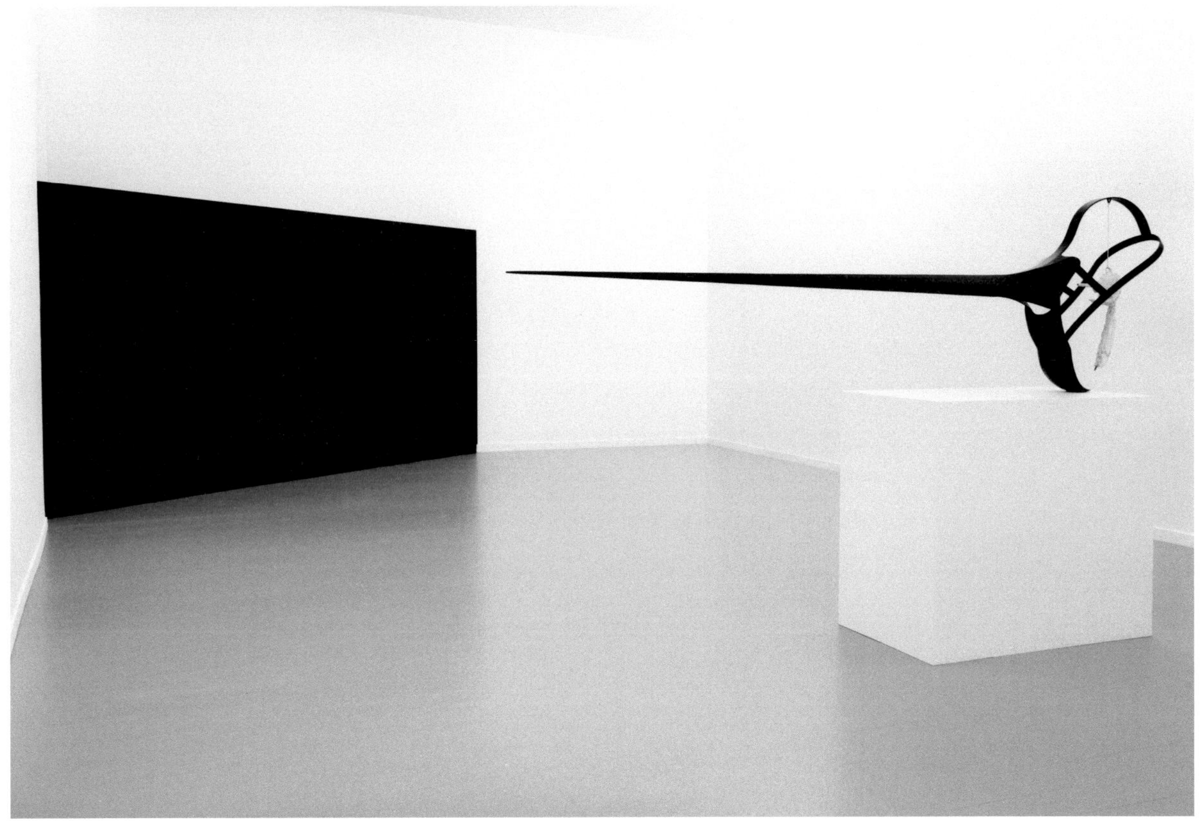

*for this project with the exception of one (*Larme *[Tear], 2015). The selection and implementation processes were focused on the core elements that unite them, devoid of any ancillary or derivative aspects.*

The selection of Giacometti's works (dating from between 1934 and 1962) presumes an intention. Mostly little-known works were chosen, two of them previously unseen,[16] *small heads in which we still feel the shape of the artist's hand, vulnerable, imperfect, apparently unfinished, and small and medium-sized figures, strikingly carved out, freed of physical substance, exposed to pain. In all of them, we can feel the artist's pulse, his exasperation in the quest for the unattainable and* see, *in* each fingerprint, *the turmoil of forces and fears that drove him.*

See: this is the verb that lies at the core of the exhibition. To see the invisible.

'Art is nothing more than a way of seeing.'[17] *It is well known that, through his gaze, Giacometti was able to open 'a breach into people's souls'*[18] *and he did so through his absolute need to draw: 'The only thing that counts is drawing.'*[19] *The selected drawings of heads mark the focal point from which everything radiates, establishing what has been called a 'cartography of the gaze',*[20] *dynamic lines around a centre, in the vortex of an enigma.*

I recall what was considered his first sculpture, La Tête qui regarde *[Gazing Head] (1929), and his definitive words: 'The eyes, in reality, are the being itself.'*[21] *And, in this regard, I also recall some of the titles of sculptures by Rui Chafes,* Apaga-me os olhos *[Turn off my eyes],* Suave e indulgente escuridão *[Soft and indulgent darkness],* Já não te oiço, já não te vejo *[I no longer hear you, I no longer see you],* Fechar os olhos dentro dos olhos *[Close the eyes within the eyes],* Vejo uma luz morrer *[I see a light die],* O primeiro olhar... *[The first look...].*

To see the invisible, to see the essential. That is, without interference or noise from materials alien to that gaze. This imperative was decisive in order for Rui Chafes to find,

16 — *Exhibited for the first time are* Tête de Diego, *clay (c. 1934–1941) and* Tête de Diego, *pencil on notebook paper (c. 1946).*

17 — *Translated from the original: 'L'art, ce n'est qu'un moyen de voir', in Alberto Giacometti,* Écrits. *Paris: éditions Hermann, 2013, p. 247.*

18 — *Tahar Ben Jelloun,* Giacometti, la rue d'un seul. *Paris: Gallimard, 2006.*

19 — *Translated from the original: 'Pour moi, en tout cas, tout n'est que dessin', in the film* Alberto Giacometti, *1965–1966, directed by Ernst Scheidegger and Peter Münger.*

20 — *Christian Alandete, 'Et mes promenades la nuit à travers Paris»,* Giacometti à travers Paris,*' Fondation Giacometti, 2018, p. 15.*

21 — *Translated from the original: 'Les yeux, finalement, c'est l'Être même', quoted in Catherine Grenier,* Alberto Giacometti. *Paris: Flammarion, 2017.*

Otto Runge. Não se encontra nesse texto nenhum artista dos séculos XX ou XXI e Tilman Riemenschneider[13] rege no topo dessa cadeia de afinidades eletivas. Em caso algum Giacometti ou Chafes poderão ser situados num tempo artístico linear, ambos resistem à visão progressista dos modernos e se colocam como obstáculos, pedras ou ruídos a essa leitura[14]. O seu alinhamento está para além da História, os dois escultores encontram-se num lugar sem tempo determinado, para lá dos objetos e da sua semelhança, num espaço de vazio e noite, sem gravidade nem peso, cosmológico.

«Um homem que caminha na rua não pesa nada»[15] — esta é a visão que Giacometti persegue e a que tenta dar corpo. A obra escultórica de Chafes vive no paradoxo de um material pesado que sonha com a imponderabilidade e a elevação, tal como o seu mestre de Wurtzburgo, que soube transformar a pedra numa matéria nervosa e sensível, esculpida pelo vento. O artista assume claramente o desafio do ferro, em obras como *L'Âme prison du corps* (2004), suspensa do teto como uma leve bolha de ar ou pousada no chão através de fitas ondulantes como seda, como em *Durante o Sono* (2002). Ou ainda na cortina de ferro, *Sussurro*[16], que murmura ao vento numa janela de Bamberga.

Com algumas das fundamentais palavras enunciadas, podemos desde já antecipar um lugar físico de encontro, sustentado por valores sensíveis, da ordem do invisível e do imaterial.

Na exposição são apresentadas quinze obras de Alberto Giacometti (onze esculturas e quatro desenhos) e oito esculturas de Rui Chafes que, à exceção de uma (*Larme*, de 2015), foram concebidas especificamente para este projeto. Os processos de escolha e de realização focaram-se nas questões essenciais que os reúnem, sem elementos acessórios ou derivativos.

13 — Tilman Riemenschneider (c. 1460, Turíngia-1531, Wurtzburgo), escultor alemão. Conhecido como Mestre de Wurtzburgo, a maior parte das suas obras encontra-se no Mainfränkisches Museum na cidade de Marienberg, em Wurtzburgo.

14 — «O que me interessa é exactamente aquilo que está fora de moda, o que não é deste tempo. Gosto mais da arte que não cabe na engrenagem, que é uma pedra que vai "encravar a máquina"», Rui Chafes, *Sob a pele, conversas com Sara Antónia Matos*. Lisboa: Documenta, Cadernos do Atelier-Museu Júlio Pomar, 2015, p. 46.

15 — Traduzido do original: «Un homme qui marche dans la rue ne pèse rien», in «Alberto Giacometti. Le long dialogue avec la mort d'un très grand sculpteur de notre temps», entrevista com Jean Clay, *Réalités*, n.º 215, dezembro de 1963, pp. 135-144.

16 — *Flüstern* (título original). Obra exposta na cidade alemã de Bamberga, na exposição *Rui Chafes in Bamberg, Seelenschatten*, de maio a agosto de 2018.

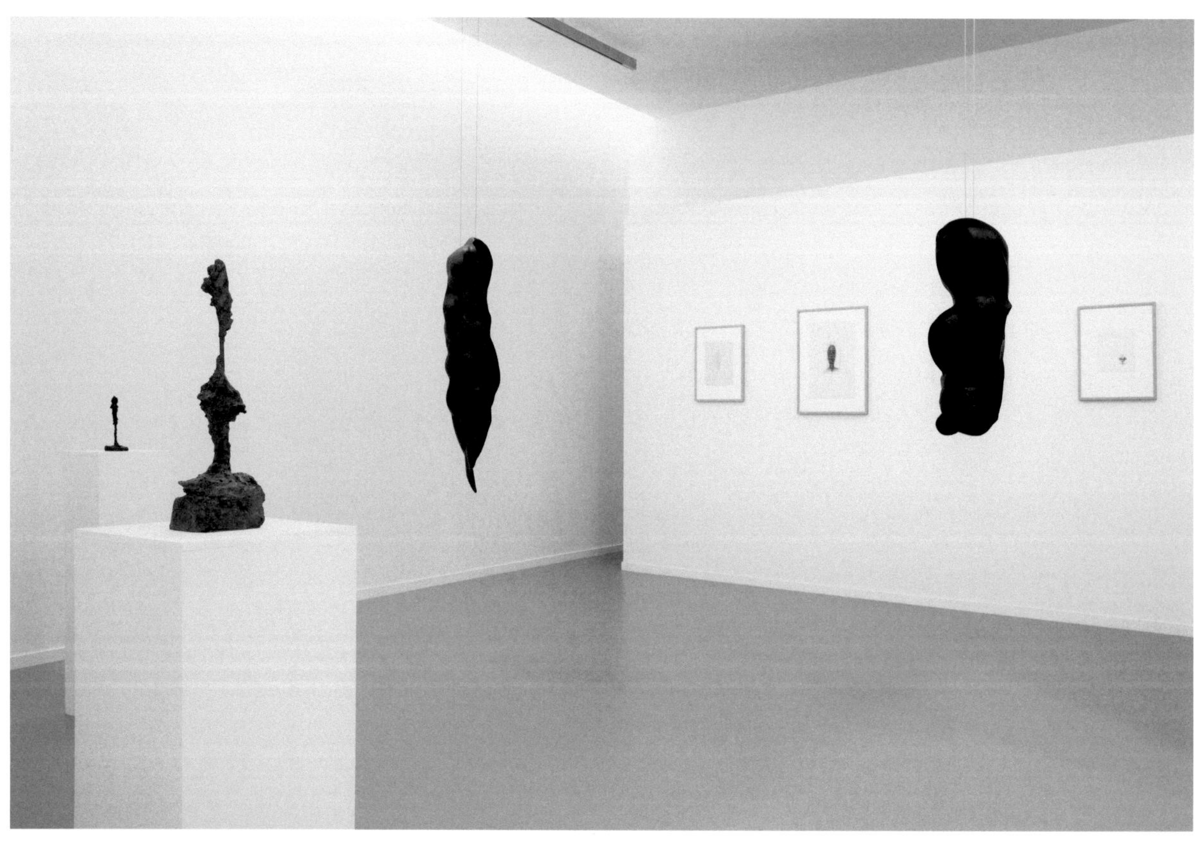

A seleção de obras de Giacometti (realizadas entre 1934 e 1962) pressupõe um desígnio. Foram escolhidas obras, na sua maioria, pouco conhecidas, duas delas inéditas[17], pequenas cabeças onde ainda sentimos a forma da mão do artista, vulneráveis, imperfeitas, aparentemente inacabadas, e figuras de pequeno e médio formato, particularmente escavadas, desmaterializadas e expostas à dor. Em todas podemos sentir a pulsação do artista, a sua exasperação na procura do inatingível, e *ver*, em *cada dedada*, o tumulto de forças e de medos que o conduzia.

Ver. É na declinação deste verbo que a exposição se pode conjugar. Ver o invisível.

«A arte não é mais do que uma forma de ver»[18]. Sabe-se como, pelo olhar, Giacometti soube abrir «uma brecha na alma das pessoas»[19], e o modo como o fazia na sua absoluta necessidade de desenhar: «Quanto a mim, a única coisa que me interessa é o desenho»[20]. Os desenhos de cabeças selecionados sinalizam o foco de onde tudo irradia, estabelecendo o que já se chamou uma «cartografia do olhar»[21], traçados dinâmicos de linhas à volta de um centro e no vórtice de um enigma.

Recordo aquela que foi considerada a sua primeira escultura, *La Tête qui regarde* (1929), e as suas palavras definitivas, «os olhos, em última análise, são o próprio ser»[22]. E recupero, a propósito, alguns títulos de esculturas de Rui Chafes, *Apaga-me os olhos*; *Suave e indulgente escuridão*; *Já não te oiço, já não te vejo*; *Fechar os olhos dentro dos olhos*; *Vejo uma luz morrer*; *O primeiro olhar...*

Ver o invisível, ver o essencial. Ou seja, sem interposições nem ruídos de materiais estranhos a esse olhar. Esse imperativo foi determinante para que Rui Chafes encontrasse, na tradição da sua escultura, um modelo fora de

17 — São expostas, pela primeira vez, *Tête de Diego*, argila (c. 1934-1941) e *Tête de Diego*, lápis sobre página de caderno (c. 1946).

18 — Traduzido do original: «L'art, ce n'est qu'un moyen de voir», in Alberto Giacometti, *Écrits*. Paris: editions Hermann, 2013, p. 247.

19 — Tahar Ben Jelloun, *Giacometti, la rue d'un seul*. Paris: Gallimard, 2006.

20 — Traduzido do original: «Pour moi, en tout cas, tout n'est que dessin», extrato do filme *Alberto Giacometti*, 1965-1966, realizado por Ernst Scheidegger e Peter Münger.

21 — Christian Alandete, «Et mes promenades la nuit à travers Paris», *Giacometti à travers*. Paris: Fondation Giacometti, 2018, p. 15.

22 — Traduzido do original: «Les yeux, finalement, c'est l'Être même», citado in Catherine Grenier, *Alberto Giacometti*. Paris: Flammarion, 2017.

within his sculptural tradition, a model unlike any usual museographic solution. In none of the Giacometti sculptures presented are we disturbed by the glass (and reflections) that usually protects works of this nature and, for this reason, this is a very different exhibition. The relationship is direct and without intermediation, allowing the first look to be Au-delà des yeux *[Beyond the eyes], the title of one of Chafes's exhibited sculptures.*

This direct and vibrant relationship is established on two levels: between the artists on the one hand, and between the artists and the audience on the other. To be able to see a series of sculptures by Giacometti, some of the smallest and most fragile, the visitor must enter and walk through a space delimited by iron plates, painted a dull black, with only a few openings and traces of light as a guide. Thus, helpless and alone, they will face the dark and the unknown all the way to the end point. The exhibition aspires to a pure vision, to a gaze without any possibility of distraction, a goal towards which these small openings contribute, functioning from an optical point of view as auxiliary focusing lenses. This is the experience of a journey that cannot be collective, contrary to what is customary. The place we enter, a space of passage, is also a non-object,[22] *a* body space *that is thus part of a whole. And it is in the violence of this emptiness, in solitude, that the encounter occurs, in the fusion of all the forces.*

The scale of some of Chafes's works allows them to be inhabited, and only in this state do they truly fulfil their destiny. As an example, I refer to a sculpture that he showed in Sintra Park in 2000, as part of a large-scale project,[23] Frieza tremenda (dia perfeito para nascer) *[Tremendous cold (perfect day to be born)], in the form of a tunnel on a human scale, driven through and buried in the earth, like a bridge or a passage to the invisible. Or more recently, in 2007, in Rome, in the space next to Regina Coeli prison, where he installed a long, closed, dark corridor, cadenced with openings through which light can enter, titled* Onde estou? *[Where am I?].*[24]

22 — 'Une sculpture n'est pas un objet, elle est une interrogation, une question, une réponse. Elle ne peut être ni finie ni parfaite.' [A sculpture is not an object, it is an interrogation, a question, an answer. It can not be finished or perfect.], in Alberto Giacometti, 'La voiture démystifiée, 1957,' Écrits. *Paris: Éditions Hermann, 2013, p. 135.*

23 — Between October 2000 and January 2001, Rui Chafes held the exhibition Durante o Fim *in three venues in Sintra: the National Palace of Pena, the Pena Historical Park, and the Sintra Museum of Modern Art – Colecção Berardo.*

24 — Work measuring 2 metres high and 28.6 metres long. Presented at the Fondazione Volume!, *Rome, 2007.*

qualquer solução museográfica habitual. Em nenhuma das esculturas de Giacometti presentes, somos perturbados pelos vidros (e pelos reflexos) com que usualmente se protegem as obras desta natureza e, também por isso, esta é uma exposição diferente. A relação é direta e sem intermediação, para permitir aquele que será o primeiro olhar, *Au-delà des Yeux*, título de uma das esculturas de Chafes, em exposição.

Esta relação direta e vibrante estabelece-se a dois níveis: entre os artistas, por um lado, entre os artistas e o público, por outro. Para poder ver um conjunto de esculturas de Giacometti, algumas das mais frágeis e pequenas, o visitante é conduzido a entrar e percorrer um espaço delimitado por placas de ferro, pintado de um negro baço, onde só o desenho de alguns orifícios e traços de luz o poderá orientar. Deste modo enfrentará, desamparado e sozinho, o escuro e o desconhecido, até ao ponto de chegada. Aspira-se a uma visão pura, a um olhar sem qualquer possibilidade de distração, objetivo para o qual contribuem os pequenos orifícios, que do ponto de vista ótico podem funcionar como lentes auxiliares de focagem. Esta é a experiência de um percurso que não poderá ser coletivo, ao contrário do que é habitual. O lugar para onde entramos, espaço de passagem, é ainda um não-objeto[23], um *espaço do corpo* que assim faz parte de um todo. E é na violência desse vazio e em solidão que o encontro se faz, na fusão de todas as forças.

Algumas das obras de Chafes têm uma escala que lhes permite serem habitadas e só nessa condição cumprem o seu destino. Cito, como exemplo já recuado no tempo, em 2000, uma escultura apresentada no Parque de Sintra, no âmbito de uma intervenção muito vasta[24], *Frieza tremenda (dia perfeito para nascer)*, na forma de um túnel, à escala humana, dirigida e enterrada na terra,

23 — «Une sculpture n'est pas un objet, elle est une interrogation, une question, une réponse. Elle ne peut être ni finie ni parfaite.» [Uma escultura não é um objeto. É uma interrogação, uma questão, uma resposta. Não pode ser terminada nem perfeita.], in Alberto Giacometti, «La voiture démystifiée, 1957», *Écrits*. Paris: Éditions Hermann, 2013, p. 135.

24 — Entre outubro de 2000 e janeiro de 2001, Rui Chafes realizou a exposição *Durante o Fim* em três espaços de Sintra: Palácio Nacional da Pena, Parque Histórico da Pena e Sintra Museu de Arte Moderna – Colecção Berardo.

In the work Au-delà des Yeux *[Beyond the Eyes] and in* Lumière *[Light] we can see Giacometti's figures up close, but without any possibility of contact, unlike Chafes's sculptures, which we can touch and through which we must enter. The scales are also opposite, with the monumental structures providing visual access to the small heads, reminiscent of Genet's words about Giacometti, the 'incessant, uninterrupted oscillation from the remotest distance to the closest familiarity'.*[25]

This action, which culminates in the act of peering through a gap or opening, does not require any dramatised, performative, or playful purpose on the part of the audience. In this case, peering simply means seeing more, *an immersion into the darkness. In this passage from dark to light, the metaphor of revelation is both real and embraced. Rui Chafes seeks an emotion,* the poetry of encounter, *provoking an experience in the body, which may receive the images in a state of solitude, fear, or discomfort.*

This (physical and emotional) condition becomes more radical in the sculpture Lumière *[Light], where we are forced to enter through an inclined surface, from a very precise angle, moving through in this enforced discomfort towards the sight of Giacometti's* Toute petite figurine *[Very small figurine]. This added difficulty culminates in the concentrated view of the smallest and most intense mass of energy that Giacometti conceived, in an effort to see beyond matter and the real world: 'Light and darkness are the same thing, the same energy resides in both. Those who have gold at their core must learn to work with it so that other people can see that behind the apparent darkness there is a being of light, a luminous being. Light comes from darkness, for that is where light is born.'*[26]

The exhibition unfolds in a balance between rise and fall, a tension between opposites. There will be a point of tension between Alberto Giacometti's sculptures, held to the ground by socles, a base upon which the sculptor elevates, carves out, and dematerialises his figures so that they cannot fly, and Rui Chafes's sculptures, made from a material

25 — *Translated from the original: 'Cet incessant, ininterrompu va-et-vient de la distance la plus extrême à la plus proche familiarité', in Jean Genet,* L'Atelier d'Alberto Giacometti. *Paris: Gallimard, 2007.*

26 — *Rui Chafes, 'O perfume das buganvílias', in* Entre o Céu e a Terra. *Lisbon: Documenta, 2012, p. 39.*

como uma ponte ou uma passagem para o invisível. Ou mais recentemente, em 2007, em Roma, no espaço colado ao presídio da cidade, o cárcere Regina Coeli, onde instalou um longo percurso fechado, de obscuridade, ritmado com entradas de luz, chamado *Onde estou?*[25].

Na obra *Au-delà des Yeux* (e em *Lumière*) podemos ver as figuras de Giacometti com a proximidade máxima, mas sem qualquer possibilidade de contacto, ao inverso das esculturas de Chafes, que podemos tocar e por onde devemos entrar. Também as escalas são opostas, com as estruturas monumentais a permitirem o acesso visual às pequenas cabeças, o que nos lembra as palavras de Genet a propósito de Giacometti, o «incessante e ininterrupto vaivém da distância mais extrema à mais próxima familiaridade»[26].

Esta ação, que culmina no gesto de espreitar por uma fresta ou orifício, não convoca qualquer propósito dramatizado, performativo ou sequer lúdico da parte do público. No caso, espreitar significa exclusivamente *ver mais*, uma imersão no escuro. Nesta passagem do negro à luz, a metáfora da revelação existe e é assumida. Rui Chafes procura uma emoção, *a poesia do encontro*, provoca a experiência do corpo, que poderá receber as imagens em estado de solidão, medo ou desconforto.

Esta condição (física e emocional) radicaliza-se na escultura *Lumière*, onde somos obrigados a entrar através de uma superfície inclinada, a partir de um ângulo muito preciso, e por onde nos deslocamos, nesse forçado desconforto, até à visão da *Toute petite figurine* de Giacometti. Essa dificuldade introduzida termina na visão concentrada da mais pequena e intensa massa de energia que Giacometti concebeu, também ele no esforço de ver para além da matéria e do mundo real: «Luz e trevas são a mesma coisa, em ambas reside a mesma energia.

25 — Obra com 2 metros de altura e 28,6 metros de comprimento. Apresentada na Fundação *Volume!*, Roma, 2007.

26 — Traduzido do original: «Cet incessant, ininterrompu va-et-vient de la distance la plus extrême à la plus proche familiarité», in Jean Genet, *L'Atelier d'Alberto Giacometti*. Paris: Gallimard, 2007.

that dreams of flying, weightless, suspended from the ceiling. Larme *[Tear], the only work to disrupt this balance, and which slides like a black streak down the wall, signals the nature of this encounter.*

We have already seen how another space of tension is established between inside and outside, exterior and interior, a notion that has always been present in Chafes's work, in his tradition of working with the places of the body (and not the body itself), in the numerous masks that he has made since 1996 or in the works in which emptiness resonates inside closed, hermetic surfaces. And on those perfect surfaces of opaque black, the sculptor has already made a mark and, repeatedly, taken it up again. In the fictional narrative of his artistic life,[27] *the sculptor relates this first moment when he collaborated on the tomb of Louis XII and Anne of Brittany (1516), by Jean Juste: 'The bodies were represented, with the greatest possible realism, as corpses, free from any idealisation. This disturbing realism challenged Christians to a new reflection on death and resurrection. In this magnificent work of sculpture, I had the great honour of being responsible for carving, in marble, the scar left on the Monarch's belly after the removal of his viscera (...) this scar still inhabits my sculptural work today.'*[28]

In Genet's words, beauty has but one origin, the wound, which illuminates us.[29] *Giacometti appears keen to unveil and delve into that secret wound that inhabits us, turning bodies inside out and stripping them bare, in search of the invisible truth within each being.*

This act of wounding can be found in several sculptural works by Rui Chafes. As an example, see the benches he presented for the first time in 2005 at the Museum Folkwang in Essen, Germany, A história da minha alma *[The story of my soul]. They are replicas of the museum's benches, torn apart and diverted from their function, which invite us to sit in pain, to borrow Doris von Drathen's expression.*[30]

27 — Rui Chafes, 'A história da minha vida', in Entre o Céu e a Terra. *Lisbon: Documenta, 2012.*

28 — Rui Chafes, 'A história da minha vida', in Entre o Céu e a Terra. *Lisbon: Documenta, 2012).*

29 — Jean Genet, L'Atelier d'Alberto Giacometti. *Paris: Gallimard, 2007.*

30 — Doris von Drathen, Rui Chafes. *Milan: Edizioni Charta, 2010, p. 31.*

Quem possui ouro no seu âmago tem de aprender a trabalhar com ele, para que as outras pessoas consigam ver que, por trás da aparente escuridão, existe um ser de luz, um ser luminoso. A luz vem das trevas, pois é aí que nasce a luz»[27].

A exposição desenvolve-se num balanço entre ascensão e queda, em tensão de opostos. Haverá um ponto de tensão entre as esculturas de Alberto Giacometti, agarradas ao solo por *socles*, base sobre a qual eleva, escava e desmaterializa as suas figuras para que não voem, e as esculturas de Rui Chafes, feitas de um material que sonha voar, sem peso, suspenso do teto. *Larme*, a única obra a quebrar este balanço e que desliza como um traço negro na parede, será um sinal da natureza deste encontro.

Já verificámos como outro espaço de tensão se estabelece entre interior e exterior, fora e dentro. Enunciado que está presente no trabalho de Chafes desde sempre, na sua tradição de trabalhar os lugares do corpo (e não o corpo), nas múltiplas máscaras que realizou desde 1996 ou nas obras onde o vazio ressoa no interior de superfícies herméticas e fechadas. E sobre essas superfícies perfeitas, de um negro opaco, o escultor já inscreveu uma marca e por diversas vezes a retomou. Na já citada narrativa ficcional da sua vida artística[28], o escultor nomeia esse primeiro momento quando colaborou no túmulo de Louis XII e Anne de Bretagne (1516), de Jean Juste: «Os corpos foram representados, com o maior realismo possível, enquanto cadáveres, longe de qualquer idealização. Esse realismo perturbador propunha aos cristãos uma reflexão nova sobre a morte e a ressurreição. Nessa magnífica obra de escultura tive a enorme honra de ser encarregado de talhar a cicatriz, no mármore, deixada no ventre do Monarca depois de lhe tirarem as vísceras (...) esta cicatriz ainda hoje habita o meu trabalho de escultura»[29].

27 — Rui Chafes, «O perfume das buganvílias», in *Entre o Céu e a Terra*. Lisboa: Documenta, 2012, p. 39.

28 — Rui Chafes, «A história da minha vida», in *Entre o Céu e a Terra*. Lisboa: Documenta, 2012.

29 — Rui Chafes, «A história da minha vida», in *Entre o Céu e a Terra*. Lisboa: Documenta, 2012.

In the works Avec rien *[With nothing] and* Un autre corps I *and* II *[Another body I and II], both on display, it is hard not to see the influence of Giacometti and the way he inherited from the Swiss sculptor the theme that obsessed him: the body or human figurations.[31] This is not about declining, but rather transforming. Both the titles and the forms of the sculptures mark a personal territory, where the bodies invoked are* other bodies *and the affirmation of an otherness.*

For the first time in the history of his sculptures, the artist intentionally exposes an open wound, the universal mark that we carry in our bodies from birth, the deepest wound of all those we can feel, and the same that tore through Giacometti. Chafes strikes a deep blow, opening up these usually secret forms, which are now exposed, suspended, and vulnerable, like abandoned body parts. The rough and rugged interior of the material, the fragmented and 'stitched' fabric of its component parts is revealed, as well as the detritus, residues, and all the scars that accompany this mode of production. In this case, the interior is hollow and significant. Alongside the idea of shells, of exuviae,[32] Rui Chafes introduces reversal. Tremor V, *a sculpture-pod, closed and smooth, will harbour a secret inside; to quote Novalis, 'there must be something sublime inside the body'.*

In the course of preparing the exhibition, Rui Chafes responded to the challenge[33] of sculpturally configuring the suspension model for one of the existing versions of Le Nez *[The Nose], exhibited only once. The artist moved away from the solution devised by Alberto Giacometti—in the best known version of this work—with the figure suspended in a cage, a recurrent and significant structure in other sculptures and drawings by the artist. Chafes deviates from this contained armature, symbolically penetrated by the tip of the nose, and is drawn towards a movement of expansion, of imbalance, of infinitude. The sculptor embraces the overspill by constructing an iron enclosure wherein Giacometti's sculpture is received and, as if by a violent gesture, vertiginously projected. In connection*

31 — Jean de Loisy, interview with Catherine Grenier, in 'L'art est la matière,' France culture, *31 December 2017.*

32 — Luis Quintais, Exúvia, Gelo e Morte, a arte de Rui Chafes depois do fim da arte. *Lisbon: Documenta, 2015.*

33 — A challenge set by the director of the Fondation Giacometti, Catherine Grenier, in June 2017.

Nas palavras de Genet, a beleza tem apenas uma origem, a ferida, que nos ilumina[30]. Giacometti parece querer desvendar e ir ao fundo dessa secreta ferida que nos habita, revolvendo e descarnando os corpos, na procura da verdade invisível em cada ser.

Esse gesto de ferir encontra-se em diversas realizações escultóricas de Rui Chafes. Cito como exemplo o conjunto de bancos que apresentou pela primeira vez em 2005, no Museu Folkwang Essen, na Alemanha, *A história da minha alma*, réplicas dos bancos do próprio museu, rasgados e desviados na sua funcionalidade e que, na expressão de Doris von Drathen, nos convidam a sentar na dor[31].

Nas obras *Avec rien* e *Un autre corps I* e *II*, em exposição, é difícil não reconhecer a presença de Giacometti e o modo como recebeu do escultor suíço o tema que o obcecou: o corpo ou as figurações do humano[32]. Não se trata aqui de declinar, mas de transformar. Tanto os títulos como as formas das esculturas assinalam um território pessoal, onde os corpos convocados são *outros corpos* e a afirmação de uma alteridade.

Pela primeira vez na história das suas esculturas, o artista expõe intencionalmente uma ferida aberta, a marca universal que transportamos no nosso corpo desde que nascemos, a ferida mais funda de todas as que podemos sentir, a mesma que dilacerou Giacometti. Chafes desfere um golpe profundo, abrindo ao interior as formas habitualmente secretas, que agora são expostas, suspensas e vulneráveis, como pedaços de corpos abandonados. O interior áspero e rugoso do material e o tecido fragmentado e «costurado» das partes de que se compõem são revelados, assim como os detritos, resíduos e todas as cicatrizes que acompanham a sua construção. No caso, o interior é oco e

30 — Jean Genet, *L'Atelier d'Alberto Giacometti*. Paris: Gallimard, 2007.

31 — Doris von Drathen, *Rui Chafes*. Milão: Edizioni Charta, 2010, p. 31.

32 — Jean de Loisy, entrevista com Catherine Grenier, in «L'art est la matière», *France culture*, 31 de dezembro de 2017.

with this, it is worth bearing in mind Pointe à l'œil *[Point to the Eye] from 1931, a Giacometti work that is not exhibited but which is somehow evoked by its title, scale and proportionality.*

There is a tense proximity between the two works, a force field that pulls them together, without any physical contact taking place. In fact, nowhere in the exhibition do the two artists' works touch.

La Nuit *[The Night] is an extreme and dramatic portrayal of an anguished scream, which the coarse, blind animal head, in a non-colour, lets out and evokes in its encounter with death, the theme that Giacometti pursued, or was pursued by, without ever fully resolving. In the black line traced by the sculpture, the point of tension of all the works, we find the words 'mort, gris, vide, cris, plein' [death, grey, void, cries, full][34] as a materialisation of this breath. Some years ago Rui Chafes wrote: 'The dying man dies abandoned, lying on the hardness of an icy stone, his cry does not belong to him, it is beside him and goes on endlessly.'[35]* La Nuit *contains the formal matrix of* Le Nez*—looked at from the front, the sculpture becomes the head of an animal, with a void in place of a mouth and the same blindness. One might imagine a dark, terrifying echo. Or an aura.*

If it is true that Le Nez *can be interpreted as a sculpture of death,* La Nuit *is a sculpture that can kill. Rui Chafes thus embraced this condition of danger and abyss, constructing a blade of iron that it is imperative to move away from. A suspended sword that wounds the space that surrounds and torments us, the inexplicable subject matter of both artists.*

In Matera, Italy, in the vast sculptural intervention he was invited to create in 2011, comprising fourteen sculptures, the artist listened to Pasolini and the 'pure sharp blade of his words'.[36] Other names can be added, which form part of a reservoir of existential questioning, such as Beckett, Tarkovsky, Kafka, Bresson, or his contemporary Pedro Costa,[37] also masters of silence and solitude and steadfast in the proposition of timelessness.

34 — Alberto Giacometti, 'La Peur, La mort ondulée claire…' in Écrits. *Paris: Éditions Hermnann, 2013, p. 362.*

35 — Rui Chafes, 'O perfume das buganvílias', in Entre o Céu e a Terra. *Lisbon: Documenta, 2012, p. 39.*

36 — Giacomo Zaza, Rui Chafes, Sassi di Matera, entrate per la porta stretta. *Milan: Edizioni Charta, 2013.*

37 — Rui Chafes held joint exhibitions with the director Pedro Costa: Fora/Out, *Museu de Serralves, Porto, 2007;* MU: Pedro Costa & Rui Chafes, *Hara Museum of Contemporary Art, Tokyo, 2012/2013;* Distant Rooms, *Ilmin Museum of Art in Seoul, 2016.*

significante. Sobre a ideia de casca, de exúvia[33], Rui Chafes introduz a de avesso. *Tremor V*, escultura-vagem, fechada e lisa, guardará no seu interior um segredo; na citação de Novalis, «dentro do corpo haverá algo de sublime».

No decurso da preparação da exposição, Rui Chafes respondeu ao desafio que lhe foi colocado[34] de resolver escultoricamente o modelo de suspensão para uma das versões existentes de *Le Nez*, uma única vez exposta. O artista afastou-se da solução encontrada por Alberto Giacometti — na versão mais conhecida desta obra — com a figura suspensa na gaiola, estrutura recorrente e significante noutras suas obras de escultura e desenho. Chafes desvia-se dessa armação contida, simbolicamente atravessada pela extremidade do nariz, e é conduzido para um movimento de expansão, desequilíbrio e infinitude. O excesso é assumido pelo escultor através da construção de um envolvimento em ferro onde a escultura de Giacometti é acolhida e, como na violência de um gesto, vertiginosamente projetada. A propósito do alongamento desta forma, faz sentido ter presente *Pointe à l'œil* (1931), obra de Giacometti não exposta, mas de algum modo evocada, pelo título, escala e proporcionalidade.

Há uma proximidade tensa entre as duas obras, um campo de forças que as aproxima, sem que qualquer contacto físico aconteça. Na verdade, em nenhum lugar da exposição as obras dos dois artistas se tocam.

La Nuit desenvolve de modo extremo e dramático a angústia do grito, que aquela tosca e cega cabeça de animal, da cor do nada, lança e evoca no encontro com a morte, o tema que Giacometti perseguiu, ou por que foi perseguido, sem nunca achar resolvido. Na linha negra que a escultura traça, ponto de tensão de todas as obras, encontramos as palavras «mort, gris, vide, cris, plein» [morte, cinzento, vazio, gritos, cheio][35], como a materialização desse sopro.

33 — Luis Quintais, *Exúvia, Gelo e Morte, a arte de Rui Chafes depois do fim da arte.* Lisboa: Documenta, 2015.

34 — Desafio lançado pela diretora da Fondation Giacometti, Catherine Grenier, em junho de 2017.

35 — Alberto Giacometti, «La Peur, La mort ondulée claire...», in *Écrits*. Paris: Éditions Hermann, 2013, p. 362.

Contrary to the contemporary lexicon of acceleration[38] *and* homogeneity, *Rui Chafes follows Alberto Giacometti in creating 'dull, obscure, rough, matt points'.*[39] *In his words, 'carrying the flame'.*[40]

38 — António Guerreiro and João Oliveira Duarte, 'Breve léxico do nosso tempo' Electra, *no. 1. Lisbon: Fundação EDP, 2018.*

39 — Interview with Rui Chafes by Doris von Drathen, in Um sopro. *Porto: Galeria Graça Brandão, 2003.*

40 — Rui Chafes, 'Talvez', O Silêncio de... *Lisbon: Assírio & Alvim, 2006, p. 60. This text was translated and published in this catalogue under the title 'Talvez', p. 102.*

Alguns anos atrás Rui Chafes escrevia: «O moribundo morre abandonado, deitado na dureza de uma pedra gelada, o seu grito não lhe pertence, está ao lado dele e prolonga-se sem fim»[36]. *La Nuit* contém a matriz formal de *Le Nez*; olhada de frente a escultura transforma-se na cabeça de um animal, com um vazio no lugar da boca e a mesma cegueira. Pode pensar-se num eco terrífico e sombrio. Ou numa aura.

Se é certo que *Le Nez* é interpretável como uma escultura de morte, *La Nuit* é uma escultura que pode matar. Rui Chafes assumiu assim essa condição de perigo e de abismo, na construção de uma lâmina de ferro de onde é imperativo afastarmo-nos. Uma espada suspensa que fere o espaço que nos cerca e atormenta, a inexplicável matéria de ambos os artistas.

Em Matera, Itália, na extensa intervenção que foi convidado a fazer em 2011 com a instalação de 14 esculturas, o artista escutou Pasolini e a «pura aguda lâmina das suas palavras»[37]. Outros nomes se podem juntar e que fazem parte de uma reserva de questionamento existencial, como Beckett, Tarkovsky, Kafka, Bresson ou o seu contemporâneo Pedro Costa[38], também eles autores do silêncio e da solidão e resistentes nessa proposição de intemporalidade.

Contrariando o léxico contemporâneo da *aceleração*[39] e da *homogeneidade*, Rui Chafes acompanha Alberto Giacometti na criação de «pontos baços, obscuros, ásperos, foscos»[40]. Nas suas palavras, «transportar a chama»[41].

36 — Rui Chafes, «O perfume das bungavílias», in *Entre o Céu e a Terra*. Lisboa: Documenta, 2012, p. 39.

37 — Giacomo Zaza, *Rui Chafes, Sassi di Matera, entrate per la porta stretta*. Milão: Edizioni Charta, 2013.

38 — Rui Chafes realizou exposições conjuntas com o realizador Pedro Costa: *Fora/Out*, Museu de Serralves, Porto, 2007; *MU: Pedro Costa & Rui Chafes*, Hara Museum of Contemporary Art, Tóquio, 2012/2013; *Distant Rooms*, Ilmin Museum of Art, Seul, 2016.

39 — António Guerreiro e João Oliveira Duarte, «Breve léxico do nosso tempo», *Electra*, n.º 1. Lisboa: Fundação EDP, 2018.

40 — Entrevista de Rui Chafes a Doris von Drathen, in *Um sopro*. Porto: Galeria Graça Brandão, 2003.

41 — Rui Chafes, «Talvez», *O Silêncio de...* Lisboa: Assírio & Alvim, 2006. Este texto foi traduzido e publicado neste catálogo com o título «Talvez», p. 102.

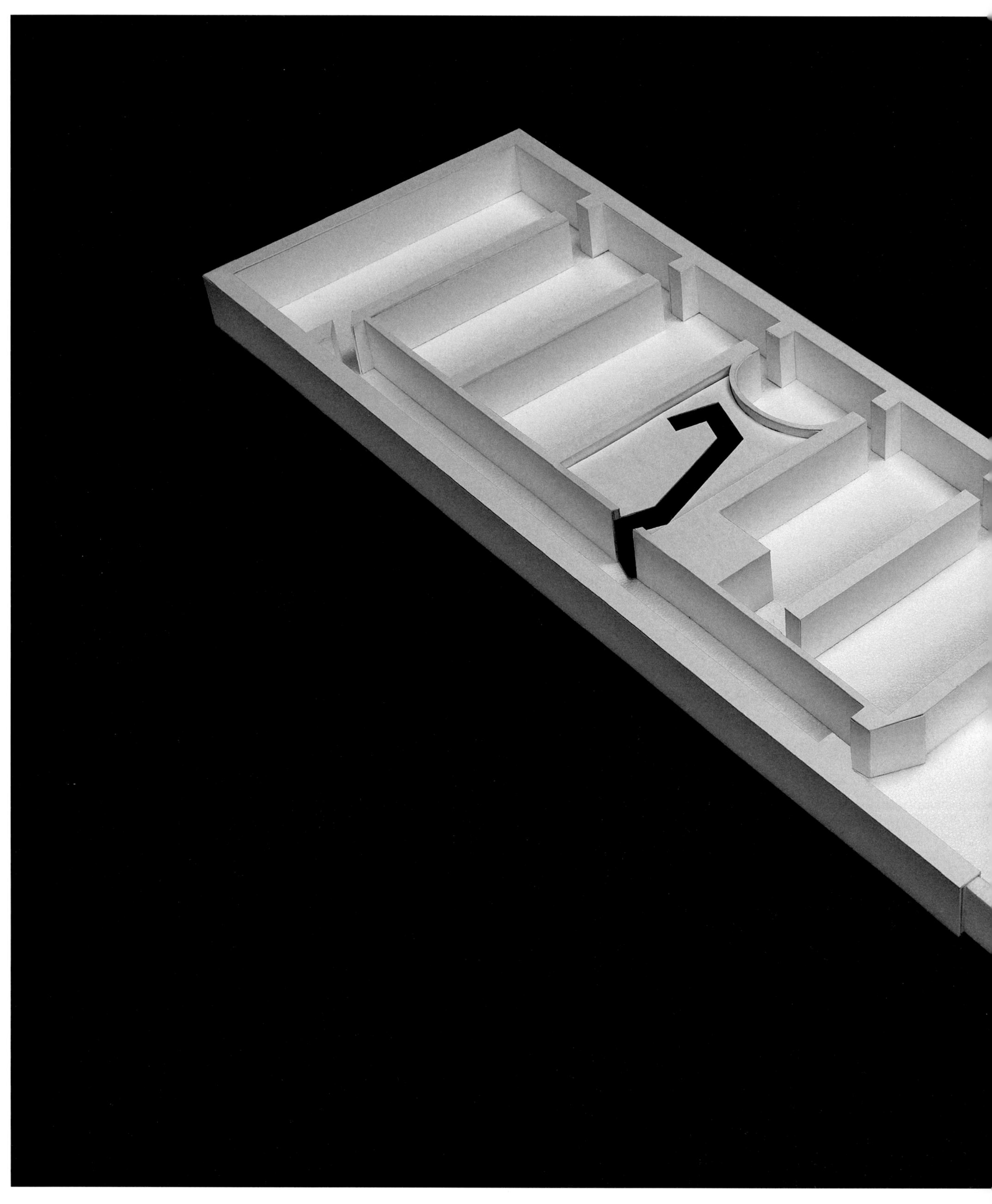

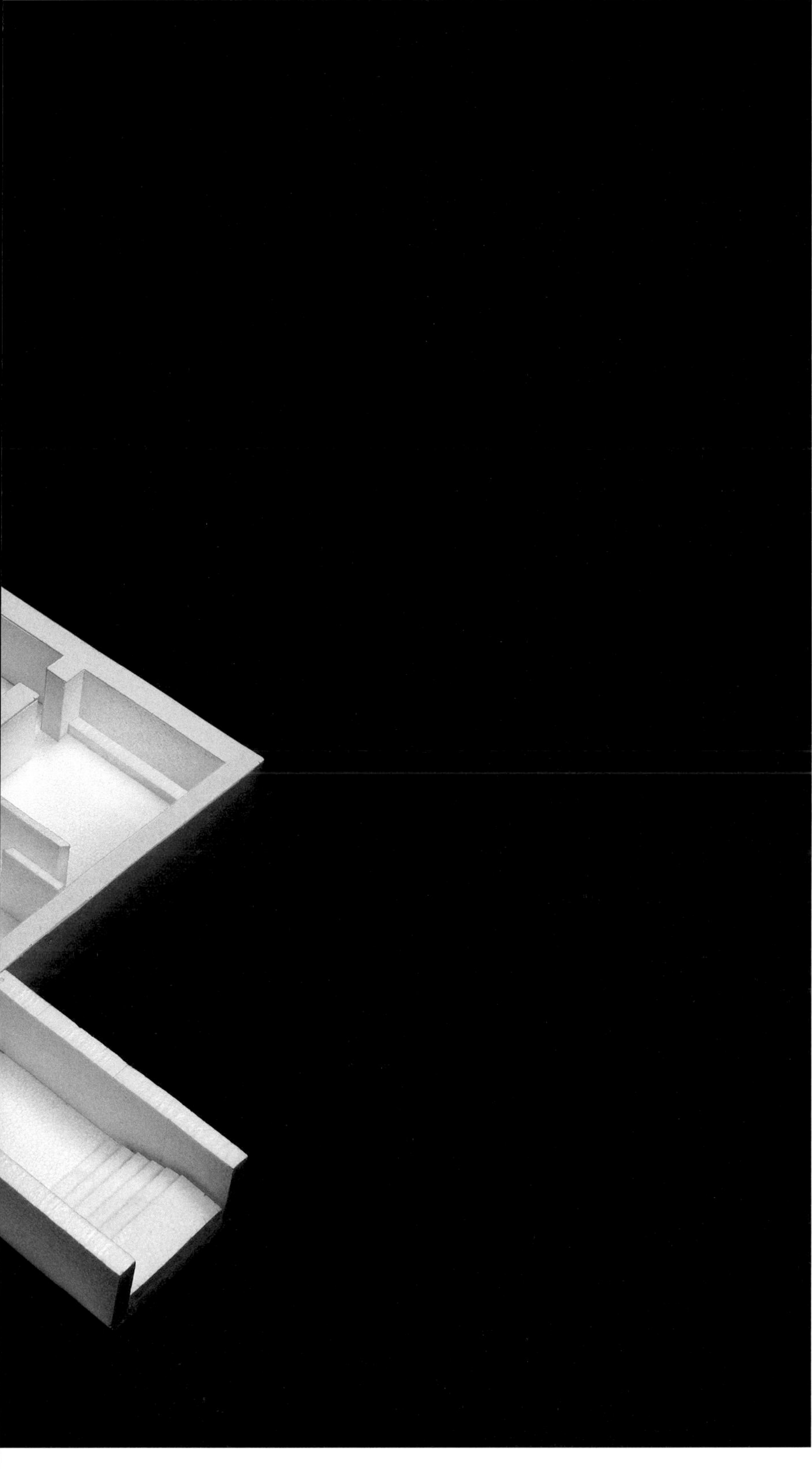

Projeto do espaço da exposição: maquete de trabalho (ateliê José Neves)
Exhibition space: design study model (atelier José Neves)

Na câmara escura do escultor

In the sculptor's darkroom

Doris von Drathen

A cada instante, o dia mede o seu tempo nos vestígios da noite. No ancestral refrão, sempre novo, as sombras passam através da sua luz e atestam o «já não» ou «ainda não» desse outro espaço que pertence exclusivamente à noite. Porque é que pensamos no dia e na noite como uma alternância? Não será o inexorável tango de luz e sombra um sinal de que a grande câmara escura da noite contém o dia? Não será a escuridão o palco da luz[1]? Um palco para o espetáculo em que a luz se aconchega ao ritmo lento das sombras que vagueiam, moldando os objetos a um mundo de aparições em constante mutação, que só encontra descanso no tempo distendido da noite: quando os contornos dos objetos são engolidos pela escuridão e assumem um novo caráter, em que presença e ausência se tornam uma só e se fundem com o escasso e quase impercetível.

Foi aqui, nesta câmara escura perene, onde as fronteiras do tempo se tornam fluidas, que o escultor Rui Chafes se instalou. O seu elemento escultórico é a própria noite. Recortadas em aço, marteladas, soldadas, formadas a partir de um negro profundo, surgem no espaço peças feitas de sombra, intangíveis e fugazes. Mas é precisamente aí que se encontra a sua presença: as esculturas confrontam-nos no fio da navalha entre o aparecer e o desaparecer, acordando os nossos sentidos de uma forma quase demente para uma situação de perceção aumentada, em que subitamente se abre um vazio no interstício entre a observação e a intuição e as formas negativas entre os objetos emergem para questionar a sua realidade tangível.

É provavelmente nesta perceção frágil, que duvida de toda a manifestação familiar de cada objeto, que conspira com intuição e pressentimento e que pode ser experienciada essencialmente em sítios de calma e de solidão, que encontramos a maior ligação entre Rui Chafes e Alberto Giacometti. Ambos

Este texto foi escrito em 2018.

1 — Na mitologia da Antiguidade, escuridão, sombra e crepúsculo são distintos da noite. Aqui são entendidos como vestígios da noite.

Moment by moment, the day measures its progress from the traces of the night. In an age-old, ever-new refrain, shadows drift through its light, attesting to the 'no longer' or 'not yet' of that other space that belongs exclusively to the night. Why do we think of day and night as alternating? Is not, rather, the inexorable tango of light and shade a sign that the great darkroom of the night contains the day? Is not darkness a theatre for the light?[1] A theatre in which the spectacle of light nuzzling the slowly tracking shadow boundary is played out, modelling objects into an incessantly changing phenomenal world that finds repose only in the long expanses of the night. There, things surrender their contours to darkness and take on a different character; presence and absence become one and join forces with the barely existing, the scarcely intuitable.

The sculptor Rui Chafes has made this enduring darkroom, with its fluid temporal demarcations, his own. Chafes's sculptural element is the very night. Cut, hammered, and welded from steel, his creations—of utter black—appear in space as intangible, fugitive shadow works. But it is precisely here that they have their presence: they confront us on the knife's edge between materialising and vanishing, and induce in us that wide-awake, almost insane heightening of perception. All of a sudden, a void opens up in the space between observation and intuition, and the negative forms between objects emerge, calling into question their tangible reality.

It is in this precarious perception, which casts doubt on every familiar manifestation of an object, which conspires with intuition and premonition, which is experienced above all in states of silence and solitude, that is to be found what is probably the closest correlation between Rui Chafes and Alberto Giacometti. Both sculptors—the internationally recognised younger was born in 1966, the last year of life of the older, inducted long before into the pantheon of art history—work with emptiness as their sculptural element. In their sculptures, the void serves as substance, as presence, as experience of space.

This text was written in 2018.

1 — In ancient mythology, darkness, shadow and twilight are differentiated from the night; here they are understood as vestiges of the night.

os escultores — o mais jovem reconhecido internacionalmente e nascido em 1966, ano da morte do mais velho, que há muito entrou para o panteão da história da arte — trabalham com o vazio como elemento escultórico. Nas suas esculturas, o vazio funciona como substância, como presença, como experiência espacial.

Uma diferença fundamental parece ser, no entanto, o facto de Rui Chafes trabalhar com o espaço vazio interior nas suas esculturas, enquanto Giacometti olha para o vazio exterior, em torno dos seus corpos escultóricos. A grande figura sentada de Giacometti, por exemplo, segura o vazio entre as mãos como um *Object invisible* (1934), oferecendo-o como se de uma dádiva se tratasse[2]. Dinâmica e volante, esta variedade de vazio, que nos lembra a filosofia chinesa, parece ser estruturante na peça *Homme qui marche* (1960), na qual a figura pousa o pé direito numa passada vigorosa enquanto o esquerdo, no balanço do passo seguinte, abre por um instante um espaço entre o calcanhar e o chão. É exatamente este desequilíbrio delicado, este pequeno vazio entre o pé e o chão, que confere o movimento à escultura.

Giacometti exprime o horror do vazio enquanto abismo, enquanto nada, a partir do momento em que observa o desmoronamento da presença do espaço. Nos seus escritos, o artista fala do grito horrorizado que lhe escapou quando viu pela primeira vez cabeças, figuras e objetos nos «incomensuráveis abismos do vazio»[3]. A partir desse momento, o espaço passou a ser, para si, uma mera ilusão.

É neste ponto que os dois escultores se encontram e, ao mesmo tempo, se distinguem. Chafes manifesta o seu credo, como fez tantas outras vezes em conversas anteriores[4]: «Para mim também não existe espaço. Não existe, tal

2 — Um gesto que, anos mais tarde, Joseph Beuys recria, quando oferece a sua *Invisible Sculpture* a Lucio Amelio. Esta relação parece ter passado despercebida até hoje.

3 — Traduzido do original: «incommensurables gouffres du vide». Alberto Giacometti, «Le Rêve, le Sphinx et la Mort de T.», in *Écrits*. Paris: Éditions Hermann, 1990, p. 31.

4 — Traduzido do original em alemão. Rui Chafes em conversas de ateliê com Doris von Drathen, que decorrem regularmente desde 1999 no Guincho, na costa do Atlântico a norte de Lisboa; 6 de abril de 2018.

A fundamental difference, however, seems to be that Rui Chafes works with the empty interior of his sculptures, whereas Giacometti sees the emptiness around his sculptured bodies. Thus, Giacometti's large, seated figure holds between her hands emptiness as an Object invisible *[invisible object] (1934), which she proffers like a gift.*[2] *Dynamism and momentum, this particular variety of emptiness recalling Chinese philosophy, seems to determine the form of Giacometti's* Homme qui marche *[Walking man] (1960). The figure brings down his right foot in a powerful step as his left, impelled by the momentum of the next, momentarily causes an empty space to open up between his heel and the ground. It is precisely this delicate disequilibrium—this small void between foot and floor—that lends the sculpture its forward motion.*

A horror of the void, as abyss, as nothingness, is an experience which left its mark on Giacometti from the moment he witnessed the collapse of spatial presence. In his writings, he talks of the appalled cry that escaped him when, for the first time, he saw heads, figures, and objects in the 'immeasurable abysses of the void'.[3] *Henceforth, space was, for him, mere illusion.*

This is where the two sculptors meet but also where they differ. As in many previous conversations,[4] *Chafes sets out his credo as follows: 'For me, too, there is no space. It exists as little as objects exist. I have never believed in objects. They are simply a possibility, a thought, before our eyes.' And, he elaborates, 'I don't believe in matter. For me, it is like looking at a corpse, drained of the person and of his or her presence or being. A body only exists when it possesses a soul and the breath of life. Otherwise, it is matter, absence, emptiness. The same is true of objects. Objects have to be "activated"; they have to be endowed with meaning, given a soul, related to something—otherwise they're dead. And this also applies to space: space has to be activated, imbued with life or consciousness. Otherwise it is dead.'*[5] *And this is where the difference lies. Whereas Giacometti,*

2 — A gesture which Joseph Beuys would recreate years later when he hands Lucio Amelio his Invisible Sculpture. *This connection seems to have passed unnoticed up to now.*

3 — Translated from the original: 'incommensurables gouffres du vide'. Alberto Giacometti, 'Le Rêve, le Sphinx et la Mort de T.', Écrits. *Paris: Édition Hermann, 1990, p. 31.*

4 — Translated from the original in German. Rui Chafes in one of his studio conversations, ongoing since 1999, with Doris von Drathen in Guincho on the Atlantic coast north of Lisbon; 6 April 2018.

5 — Translated from the original in German. Rui Chafes in one of his studio conversations, ongoing since 1999, with Doris von Drathen in Guincho on the Atlantic coast north of Lisbon; 6 April 2018.

como não existem os objetos. Nunca acreditei em objetos. São uma mera possibilidade, um pensamento à frente dos nossos olhos.» E continua: «Não acredito na matéria. Para mim funciona como se olhássemos para um cadáver, do qual desapareceu o ser humano com a sua existência e natureza. Um corpo só existe se tiver alma e um sopro de vida. Caso contrário, é matéria, ausência, vazio. O mesmo acontece com os objetos. Os objetos têm de ser "ativados", precisam de receber um sentido, uma classificação, uma alma — caso contrário, estão mortos. E isto também é válido para o espaço: o espaço tem de ser ativado, animado ou imbuído de consciência. Caso contrário, o espaço está morto»[5]. E esta é a diferença. Enquanto Giacometti experiencia a não-existência do espaço como um susto da morte, este abismo do nada é o grande motivador do trabalho de Rui Chafes, que pega no vazio de forma consciente e pergunta com que verdade o pode encher, sem criar uma nova ilusão.

Quando, enquanto observadores, olhamos para as esculturas de Giacometti, sentimos a força que nasce do seu isolamento, da tranquilidade e do vazio que as envolve. Rui Chafes é dos poucos que ainda conseguem ouvir o seu grito. Ele sente de uma forma imediata o arrojo de Giacometti quando este apresenta as suas esculturas, em toda a sua fragilidade, ao observador. É também esse o seu risco. Com a diferença de que Rui Chafes trabalha com uma espécie de confiança primordial. A sua contemplação da proximidade da morte parece alimentar uma outra radicalidade, como se quisesse dar forma àquela tranquilidade infinita do outro lado das fronteiras temporais. O vazio é, para ele, o desafio de escorar aquilo que é tradicional, para avançar pelo desconhecido e descobrir um espaço livre para a sua própria criação. A sua confiança fundamental num universo de conceitos como *alma* e *sopro de vida*

5 — Traduzido do original em alemão. Rui Chafes em conversas de ateliê com Doris von Drathen, que decorrem regularmente desde 1999 no Guincho, na costa do Atlântico a norte de Lisboa; 6 de abril de 2018.

in experiencing the non-existence of space, is assailed by a terror of death, for Rui Chafes this yawning abyss of nothingness is his deepest motive for starting work. He consciously submits to this emptiness and asks the question, With what truth, short of creating a new illusion, can it be filled?

When, as viewers, we stand before Giacometti's sculptures, we are gripped by the power that emanates from their isolation, from the stillness and emptiness that surrounds them. Rui Chafes is one of the few still able today to hear their cries. He has an immediate sense of the riskiness of Giacometti's enterprise in delivering up his sculptures, in all their fragility, to the viewer. For this is also his own risk. Albeit with the difference that Rui Chafes works within a kind of primordial trust. His contemplation of the proximity of death seems to feed a different radicality, as if his aim were to give shape to the endless quiet beyond the limits of time. For him, emptiness is the challenge of shoring up the traditional and forging on into the unknown, of discovering a space for his own creativity. His primordial trust in a world of concepts such as soul *and* the breath of life *eliminates any fear of death in him. What Giacometti and Chafes share is the radical freedom to leave all illusions behind and operate in a space without a safety net.*[6]

Rui Chafes's emptiness is located in the surrounding and, above all, interior space of his corporeal sculptures. In the early 1990s, he exhibited the three large steel parallelepipeds of his work Sonho e Morte *[Dream and Death] on the roof of the Centro Cultural de Belém*[7] *in dazzling sunshine. The surfaces of these ashlars are cut open. Viewers can look from the light through small, barred apertures into the darkness of the interior space. In a slowed-down process of perception, the gaze gradually begins to feel its way around the blackness. Night and emptiness as substance, contained within a vessel. Viewers are reminded of their own personal darkrooms as they bring their heads up to the vertical openings in the large body-like sculptures, such as* Espessa escuridão,

6 — Rui Chafes in one of his studio conversations, ongoing since 1999, with Doris von Drathen in Guincho on the Atlantic coast north of Lisbon; 6 April 2018.

7 — The Centro Cultural de Belém holds an important collection of modern and contemporary art.

afasta-lhe o medo da morte. Aquilo que Giacometti e Chafes partilham é a liberdade radical de abandonar toda a ilusão e mover-se num espaço sem rede[6].

O vazio de Rui Chafes tem o seu lugar no espaço envolvente e, acima de tudo, no espaço interior das suas esculturas corpóreas. No início da década de 1990, expôs os seus três grandes paralelepípedos de aço (*Sonho e Morte*) sob o sol ardente do terraço do Centro Cultural de Belém[7]. As superfícies destes paralelepípedos apresentam fendas aqui e ali. Esta rede de pequenas aberturas permite ao observador olhar a partir da luz para o seu interior escuro. Com uma perceção lentificada, os olhos começam a adaptar-se gradualmente à escuridão. A noite e o vazio como substância capturada num recipiente. O observador é recordado da sua própria câmara escura quando aproxima a cabeça das aberturas verticais das grandes esculturas corpóreas, como a que Rui Chafes instalou inicialmente na serra de Sintra: *Espessa escuridão, implacável desejo* (2000). Neste isolamento, as esculturas funcionam como catalisadores da perceção sensorial do observador: de repente, os cheiros da resina e da terra ficam mais intensos, o chilrear dos pássaros mais alto, o ruído do vento nas copas das árvores mais forte. A câmara escura do corpo confronta novamente o observador nos lugares das *Leçons des Ténèbres* (1999-2002). Trata-se de 25 esculturas de aço com a altura de pessoas. Encontram-se agrupadas, presas no cinzento da alvorada, dentro de uma igreja, e parecem convidar o observador a ser uno com esta caixa de ressonância do silêncio. Em contraste estão os espaços ameaçadores com grandes máscaras, como carcaças de cabeças vazias, com os seus contornos de ferro preto, espinhos, espigões e ganchos espetados no ar. Assustado, o observador retrai-se. Aquilo que aqui surge como agressão resulta da compreensão do artista de quantos espinhos escondidos deixamos crescer nos

6 — Rui Chafes em conversas de ateliê com Doris von Drathen, que decorrem regularmente desde 1999 no Guincho, na costa do Atlântico a norte de Lisboa; 6 de abril de 2018.

7 — Em Lisboa, o CCB integra uma coleção significativa de obras de arte moderna e contemporânea.

implacável desejo *[Thick darkness, relentless longing] (2000), which Rui Chafes initially installed in the Sintra woods. In this seclusion, the sculptures act as catalysts of the viewer's sensory perception: all of a sudden, there is a scent of resin and earth, the birdsong grows louder, and the wind rustles the treetops with greater force. The viewer encounters the darkroom of the body again in the stelae of the* Leçons des Ténèbres *[Lessons of Darkness] (1999–2002). These are twenty-five steel sculptures of human height. In the grey of dawn, these resonance chambers of silence stand as a group within a church interior and seem to invite the viewer to become one with them. By way of contrast, the menacing spaces of the great masks, empty head casings inscribing on the air their black iron contours, their spines, spikes, and hooks. The viewer shrinks back in alarm. What comes across here as aggression derives, in fact, from the artist's insight into the many hidden barbs we allow to thrive within our own inner worlds. Spines that grow out of our compacted fears, out of our phantasms of self-nannying, self-constraint, and self-harm that remain active and flourish in the vast darkroom of our consciousness.*

In Giacometti's work, it is more of an exception for the emptiness within his sculptures to gape open. Le Nez *[The Nose] is the name by which is generally known the sculpted head whose elongated nose projects through the bars of the cage in which it hangs. In fact, this eye-catching feature often causes the sculpture's truly outrageous aspect, the abyss of its wide-open mouth, to be overlooked. Rui Chafes, however, entrusted with a smaller and extremely fragile initial plaster version of* Le Nez, *sees this empty space. The nose of this version is less long, but the viewer's gaze is captivated all the more by the gaping hole of the mouth. The emptiness of a skull, as if the entire space were now merely a dark cavity. It can be compared with that bent-back head that is perhaps the most powerful evocation of Giacometti's observations in writing of a dying friend. Rui Chafes quotes what are, for him, the most important lines: 'Standing immobile by the*

nossos mundos interiores — espinhos dos nossos medos ampliados, dos nossos fantasmas de autocontrolo, autolimitação e automutilação, que estão ativos e continuam a crescer na grande câmara escura da nossa consciência.

Na obra de Giacometti é uma exceção ter o vazio a abrir-se no interior do corpo das esculturas. A sua cabeça de nariz excessivamente comprido, o qual se estende para lá da estrutura da gaiola onde se encontra pendurada, é conhecida como *Le Nez*. Com efeito, o chamariz desta cabeça ofusca com frequência o seu traço mais escandaloso: a cavidade bucal aberta como um abismo. Mas Rui Chafes, a quem foi confiada uma primeira versão em gesso da peça, mais pequena e extremamente frágil, vê esse vazio. O nariz é aqui menos comprido e intensifica-se o fascínio pela cavidade bucal exageradamente escancarada. O vazio de uma caveira, como se todo o rosto fosse apenas um espaço oco e escuro. Comparável àquela cabeça retraída, que certamente evoca de forma mais vigorosa as observações de Giacometti sobre um amigo moribundo. Rui Chafes cita de cor as linhas que são, para ele, mais importantes: «Imóvel, junto à cama, observei aquela cabeça que se transformara num objeto, uma pequena caixa mensurável, insignificante. Nesse momento, uma mosca aproximou-se do buraco negro que era a sua boca e desapareceu lá dentro»[8]. O corpo como caixa, recipiente do vazio e da escuridão. Este radicalismo é familiar a Rui Chafes, que vê aqui o ponto de partida para a sua nova escultura, intitulada *La Nuit*. O desafio colocado ao artista — um dos maiores da sua prática artística, tendo chegado a parecer-lhe impossível — consistiu em repensar a escultura de gesso de Giacometti, escolher mais algumas esculturas do mesmo artista e reagir-lhes. «Um diálogo com Giacometti? Nunca. Por respeito, por reverência.» Esta foi a primeira reação de Chafes, que queria «servir» o Mestre, nada mais[9].

8 — Traduzido do original: «Immobile debout devant le lit, je regardais cette tête devenue objet, petite boîte mesurable, insignifiante. A ce moment-là une mouche s'approcha du trou noir de la bouche et lentement y disparut». Alberto Giacometti, «Le Rêve, le Sphinx et la Mort de T.», in *Écrits*. Paris: Éditions Hermann, 1990, p. 29.

9 — Rui Chafes numa das conversas de ateliê com a autora.

bed, I observed this head that had become an object, a small and insignificant, measurable box. At that moment, a fly approached the black hole of the mouth and vanished inside.'[8] *The body as a box, containing emptiness and darkness. Rui Chafes is familiar with this radicality. In it, he finds the starting point for his new work. He calls his sculpture* La Nuit *[The Night]. One of the biggest challenges in his life as an artist has been to carry further the thinking behind this plaster sculpture by Giacometti, to select a few more of the master's sculptures, and to respond to them. This was the brief, which had struck him as an impossibility. 'A dialogue with Giacometti? Never! Out of respect, out of reverence', this was Chafes's initial reaction. He wanted to 'serve' the master—nothing more.*[9]

This impossibility of dialogue and this desire to serve were to give rise to the largest mask ever created by Rui Chafes: appearing as something barely tangible, a shadow on the emptiness of the room, are the pared-down contours of a head, black and filigree, a head casing without spines or spikes, and the spatial delineations of a hospitable container. For the small plaster sculpture can be confined to this shadow housing and hung freely within it. The paradox of transforming something heavy into something light is one of the leitmotifs of Chafes's work. Here he goes a step further and causes the sculpture to float in space at the viewer's eye level, for the pedestal is so shimmeringly white that it loses its materiality. The sculpture appears to the viewer's gaze as a fleeting shadow, a figment of the night. Above all, it creates an empty space in which Giacometti's fragile head can be accommodated.

To allow him to work more effectively, Chafes sculpted a template of the plaster model in iron. The small head, along with its nose, needed to fit into the elongated, rapier-like shell of the mask's nose with absolute precision. This outsize version of what appears to be a kind of protective armour is a long, narrow, tunnel-like husk extending for 287 cm before the small and fragile face that is focused on its own darkness. Before its eyes and literally à perte de vue *[as far as the eye can see],*[10] *a trajectory of the night unfolds.*[11]

8 — Translated from the original: 'Immobile debout devant le lit, je regardais cette tête devenue objet, petite boîte mesurable, insignifiante. A ce moment-là une mouche s'approcha du trou noir de la bouche et lentement y disparut.' Alberto Giacometti, 'Le Rêve, le Sphinx et la Mort de T.', Écrits. *Paris: Édition Hermann, 1990, p. 29.*

9 — Rui Chafes in one of the aforementioned studio conversations with the author.

10 — Alberto Giacometti, Écrits. *Paris: Édition Hermann, 1990.*

11 — This term developed out of our conversation in April 2018, when Rui Chafes spontaneously jotted down the name of his sculpture: La Nuit.

A partir desta impossibilidade de diálogo e deste desejo de servir surge a maior máscara que Rui Chafes criou até agora: quase impercetíveis, como uma sombra desenhada no vazio da sala, assim surgem os ténues contornos de uma cabeça, uma filigrana negra, um invólucro de cabeça sem espinhos nem espigões, linhas espaciais de um recipiente, de uma hospitalidade. Neste invólucro de sombra, a pequena escultura de gesso pode ser pendurada livremente e com confiança. O paradoxo de transformar o pesado em leve é um *leitmotiv* da obra de Chafes. Neste caso, o artista vai mais além e deixa que a escultura flutue à altura do olhar do observador: o plinto é tão branco e cintilante que perde a sua materialidade. A escultura surge aos nossos olhos como uma volátil obra de sombra, como uma construção da noite, causando essencialmente o seguinte, um vazio para absorver a frágil cabeça de Giacometti.

Para conseguir trabalhar melhor, Chafes recortou um molde do modelo de gesso em ferro. A pequena cabeça, com o seu nariz, tinha de encaixar com precisão no comprido invólucro pontiagudo da máscara que se assemelha a uma espada. Parece a versão sobredimensionada de uma armadura de proteção: com 287 cm de comprimento, este fino invólucro em forma de túnel estende-se à frente do pequeno rosto, concentrado na sua própria escuridão. À frente dos olhos abre-se uma trajetória da noite[10], efetivamente *à perte de vue* [a perder de vista][11].

Mas os visitantes já foram apresentados ao radicalismo deste universo visual. Tal como vemos a pequena cabeça de gesso com o rosto de um moribundo a perder-se na escuridão, assim mergulhamos nós — no início da exposição, logo na primeira sala — na escuridão das longas esculturas em túnel: a primeira com 12 metros de comprimento, a segunda com quatro. Ambas

10 — Este conceito surgiu durante a nossa conversa, em abril de 2018, e Rui Chafes anotou espontaneamente o título da sua escultura: *La Nuit*.

11 — Alberto Giacometti, «Le Rêve, le Sphinx et la mort de T.», in *Écrits*. Paris: Éditions Hermann, 1990.

The viewers, however, had already been inducted into this visual world in all its radicality. Just as the small plaster head with the face of a dying man gives itself up to the darkness, we ourselves, at the very start of the exhibition, indeed in the first room, had been immersed in the darkness of long tunnel sculptures. The first extends for 12 metres, the second for 4. Both are constructed of black steel walls so absolutely smooth that the visitor enters a veritable night space, as if the materiality of the tonnes of steel had dissolved into the darkness, had become the spatial manifestation, transmuted into a compacted substance, of the presence of the night. The title of the first sculpture is Au-delà des Yeux *[Beyond the eyes]. Those who penetrate inside, their steps reverberating in the dark, soon slow their pace. In their blindness, they grope for the cool panels. Then comes a shock: a fissure opens, as if the black smoothness of the steel wall were about to rupture. A slit more than 20 cm high and two fingers wide is brightly illuminated. On the other side is a small head of fragile clay. The manifestation of a head. Exposed to the emptiness of the surrounding space. With no vitrine. And yet protected within this field of vision, accessible through this fissure alone. It is dedicated to Giacometti's brother, Diego. So small is this head of friable earth that it would fit into a cupped hand. And yet as a manifestation, it seems beyond all measurable dimensions. As if for the first time, the visitor's heightened perception becomes aware of its living, breathing vitality. With head up tight against the observation slit, nose and cheek pressed against the steel wall, eye soaking up the vision, the viewer is pure Seeing.*

From this point on, the visitor's groping in the dark is accompanied by a searching, seeking anticipation. The small holes cut into the steel—observation slits, rows of perforations, and other small viewing apertures—call for a physical way of looking with which we are not familiar. We get up close, we go down on our knees, we stretch. We examine Giacometti's extremely fragile figures and heads, which have hardly ever been

têm paredes de aço pretas, tão lisas que o visitante entra de facto numa sala da noite, como se as toneladas de aço perdessem a sua materialidade para a escuridão e fossem agora apenas o evento espacial de uma presença feita de noite condensada em substância. O título desta escultura é *Au-delà des Yeux*. Quem ali entra, rapidamente abranda os passos que ressoam na escuridão. Nesta cegueira, ajuda-nos o tatear das mãos nos painéis frescos. De repente, como se a lisa parede de aço negro se rasgasse, abre-se uma fenda: o corte com mais de 20 centímetros de altura e dois dedos de largura está bem iluminado. Através da fenda vemos uma pequena cabeça feita de argila frágil. A manifestação de uma cabeça. Apresentada no vazio do espaço que a envolve, sem vitrina, mas protegida neste campo visual, que só pode ser observado através da fenda. É dedicada ao irmão de Giacometti, Diego. A cabeça é tão pequena que caberia na palma da mão, feita de argila que facilmente se desfaz. Apesar disso, o evento desta cabeça parece exceder qualquer dimensão mensurável. A perceção aumentada vê, como pela primeira vez, a sua vitalidade livre. Com a cabeça bem em frente da fenda de visualização, nariz e face encostados à parede de aço, e o olho completamente absorto pela observação, o espetador é, todo ele, Ver.

Doravante, uma expectativa perscrutadora acompanha o tatear através da escuridão. As estreitas aberturas cortadas no aço (fendas de visualização, séries de furos e visões igualmente estreitas) exigem um olhar até agora fisicamente desconhecido: aproximamo-nos, ajoelhamo-nos, esticamo-nos, descobrimos com um olho fechado e o outro bem aberto, focando as pequenas cabeças e figuras extremamente frágeis de Giacometti que quase nunca foram mostradas. Foi o Instituto Giacometti, inaugurado em Paris, em 2018,

shown before, with one eye screwed shut and the other wide open and focusing. These are the most fragile and precious objects held by the Giacometti Institute in Paris, which opened in 2018 and invited Rui Chafes to take his pick. His first reaction was to decline in disbelief. How could he exhibit alongside the venerated master? After some consideration, a question developed which, from that point on, became the motor of his sculptural concept: how to preserve the radical emptiness and isolation with which Giacometti's work is imbued in such a way that visitors can relive it with the same sense of insularity. How could Chafes create the spatial conditions that would allow viewers to continue to feel something of the abyss, of the emptiness, of the cri de terreur *[scream of terror]*[12] *that accompanied Giacometti as an inner echo throughout his life?*

Those who have followed Rui Chafes's work will be familiar with his gigantic darkrooms, whose entrances are designed like light traps so that visitors step into dense night and at first search helplessly for their feet. One example is the large space containing those sharply contoured wall sculptures where viewers only very gradually become aware of emerging from the darkness: Tranquila ferida do sim, faca do não *[Quiet wound of the yes, knife of the no] (2000–2013).*

What Rui Chafes has built here for Giacometti is something new. What the viewers experience is an act of such concentrated seeing that the entire body is brought into play. It is a seeing that grows out of an inability to see, one which breaks forth unexpectedly after a period of blindness. Just as if, following a time of utter silence, someone were to hear a sound or utter a word. Twelve metres of darkness is a considerable distance. Every time one of the observation slits cut into the steel walls opens up, it comes as a shock all over again. Devoid of a museum's glass partitions, we encounter a row of the small, fragile heads, almost all of which are dedicated to Giacometti's brother Diego. Captivated, we bring our face up to what is the largest of the observation slits, which reveals to our view a

12 — Alberto Giacometti, 'Le Rêve, le sphinx et la Mort de T.', Écrits. *Paris: Édition Hermann, 1990, p. 30.*

que convidou Rui Chafes a escolher entre as suas preciosidades imensamente frágeis. A sua primeira reação foi de recusa incrédula: como poderia ele expor ao lado de Giacometti, o seu venerado mestre? Após alguma reflexão, surgiu a pergunta que se transformou na força motriz do seu conceito escultórico: como proteger esse vazio e isolamento radicais que vivem nos trabalhos de Giacometti para que cada visitante possa revivê-los com o mesmo sentimento de insularidade? Como poderia Chafes criar uma condição espacial que permitisse sentir um pouco desse abismo do vazio, desse *cri de terreur* [grito de terror][12] que toda a vida acompanhou Giacometti como um eco interior?

Quem segue o percurso de Rui Chafes conhece as suas enormes câmaras escuras cujas entradas são concebidas como eclusas de luz, para que o visitante entre efetivamente no breu e tenha de procurar, com um certo sentimento de impotência, os seus próprios pés. Como na grande sala com esculturas de parede de contornos bem definidos que o observador só começa a distinguir gradualmente após algum tempo: *Tranquila ferida do sim, faca do não* (2000-2013).

Aquilo que Rui Chafes aqui construiu para Giacometti é algo novo. A experiência do visitante é um ver tão concentrado que recruta a participação de todo o corpo. É um ver que resulta do não-ver e que, após um período de cegueira, irrompe de súbito. É como ouvir um barulho após algum tempo de silêncio absoluto, ou dizer uma palavra depois de um longo período sem falar. Doze metros de escuridão é um percurso longo. Sempre que uma daquelas fendas se abre nas paredes de aço, há um novo choque. Sem barreiras de vidro como normalmente acontece num museu, encontramos uma série de pequenas e frágeis cabeças, quase todas dedicadas a Diego, irmão de Giacometti. Quando, fascinados, aproximamos a nossa cara da maior fenda — que dá

12 — Alberto Giacometti, «Le Rêve, le sphinx et la Mort de T.», in *Écrits*. Paris: Éditions Hermann, 1990, p. 30.

specially constructed, very brightly lit room behind the steel wall, in which we examine the slender Femme debout sans bras *[Standing woman without arms] (1958) modelled by Giacometti in plaster. As we look, a gentle current of air caresses our noses. In a similar fashion, we encounter, in all their immediate sculptural reality, the slender female figure* Femme debout *(1956), also modelled in plaster with rapid, irregular gestures, the stele-like, otherworldly bronze* Figurine de la Cage *[Figurine for the Cage] (1950), and the* Figurine *of 1956. Our encounter at eye level with these brightly illuminated apparitions, which emerge of a sudden out of the darkness as if they were themselves modelled out of the material of the dark, catapults us into a state of such heightened perception that we overlook the slits cut into the steel walls and the light lattice grid in front of the small square openings through which we peer, with eyes for nothing but the sculptures. While in our heads the experience of these images, accompanied by the rhythm of our footsteps, fades into a mere memory, we grope for the way back. Barely have we reached the end of the tunnel or entered the next room than we are unexpectedly confronted by a second passageway with walls of steel as black as the night.* Lumière *[Light], promises the title as we once again abandon ourselves to the dark and struggle to maintain our balance. Our progress is retarded by the oblique angle of the tunnel. Staggering and slightly dizzy, we discover a small stage, as if seeing it from a great distance. Like a will-o'-the-wisp, a tiny Fata Morgana appears, a figure shorter than a match, and yet recognisable as a woman. And even as we approach the stage, the figure retains its vacillating appearance somewhere between utter clarity and shadow world. Rather than an actual figure, it is no more than the possibility of a sculpture—the mere thought of a corporeality.*[13] *Rarely has the* Toute petite figurine *[Very small figurine], created by Giacometti between 1937 and 1939, been shown in such a radical way, in all its uncertainty.*

13 — Rui Chafes in one of the aforementioned studio conversations with the author.

acesso a um espaço muito claro, construído especificamente para este fim do outro lado da parede de aço —, podemos observar a alta e elegante *Femme debout sans bras*, que Giacometti moldou em gesso, em 1958, e sentimos uma ligeira corrente de ar a acariciar-nos o nariz. Também a magra figura feminina intitulada *Femme debout*, de 1956 (moldada em gesso com gestos rápidos e irregulares), e as figuras de bronze que se assemelham a estelas denominadas *Figurine de la Cage* (1950) e *Figurine* (1956) nos são apresentadas na sua realidade escultórica imediata. O encontro à altura dos olhos com estas aparições, que surgem subitamente bem iluminadas do meio da penumbra, como que moldadas nesse mesmo instante a partir do material da escuridão, atira-nos para uma experiência de perceção tão aumentada que esquecemos as fendas recortadas nas paredes de aço ou as redes leves que tapam as aberturas quadradas através das quais olhamos e vemos apenas as esculturas. Enquanto, na nossa mente, as experiências das imagens se vão transformando em memórias ao ritmo dos nossos passos, procuramos o caminho de regresso às apalpadelas. Acabados de chegar ao fim do túnel, ou assim que chegamos à sala seguinte, entramos inesperadamente num segundo corredor construído de paredes de aço negras como a noite. O título promete *Lumière* enquanto voltamos a perder-nos na escuridão, e agora também nos esforçamos para manter o equilíbrio. A inclinação do túnel abranda o nosso avanço. Vacilantes, ligeiramente tontos, descobrimos um pequeno palco, aparentemente a grande distância. Como um fogo-fátuo ou uma pequena miragem, surge uma figura mais pequena do que um fósforo, mas ainda assim reconhecível como a imagem de uma mulher. Ao aproximarmo-nos deste palco, a figura conserva a sua aparência instável, entre uma aparição invulgarmente clara e um sonho de sombras.

It seems that Rui Chafes approaches Giacometti in the spirit of that insoluble question concerning the existence of the phenomenal world. For Kant,[14] and echoed by Heidegger,[15] this was the 'scandal of philosophy'. One lamented the lack of proof, the other the powerlessness of the proof-seekers. The question was ultimately criticised by younger philosophers, such as Emmanuel Levinas and Hans Jonas, who instead based our relationship with the external world on a philosophy of responsibility. To this day, discussion of the 'scandal of philosophy' is regularly rekindled by the accusation that it is a purely philosophical problem, removed from everyday experience. However, the question of what we see when we open our eyes has occupied not only generations of philosophers and artists but scientists too. Perhaps without being aware of it, the position of Giacometti and Rui Chafes is closest to the insights of a Leibniz, for example, who knew that aperire oculos, *'to struggle against human laziness and open one's eyes',[16] is to be caught up in an endless vertigo.*

Whereas Giacometti battles with reality in an almost obsessive dialogue, continually creating new sculptures out of his defeat, one might think that in the work of Rui Chafes, doubts concerning the tangible had developed over the course of the years into a paradoxical sculptural material. For him, night, dark, and shadows are not the absence of light but a creative element, a material intangibility. For both sculptors, doubts about the 'existence of the world of things, about the reality of objects', are a key creative driver.

Thus, there is a distinct logic in the way Rui Chafes, in the third major part of the exhibition, takes the gamble after all and enters into a sculptural confrontation. Whereas up to this point he had selected only the smallest, most fragile works by the master, here we encounter larger sculptures by Giacometti such as Buste d'un homme *[Bust of a man] (c. 1950) and* Femme debout sans bras *[Standing woman without arms] (early 1960s).*

14 — *Immanuel Kant,* Critique of Pure Reason, *vol. XXXIX, XL (commentary). Cambridge: Cambridge University Press, 1998.*

15 — *Martin Heidegger,* Being and Time. *London: HarperCollins, 2008.*

16 — *Gottfried Wilhelm Leibniz, in Horst Bredekamp,* Die Fenster der Monade, Gottfried Wilhelm Leibniz' Theater der Natur und Kunst. *Berlin: Akademie Verlag, 2004, p. 193, footnote 646.*

Mais do que uma figura propriamente dita, trata-se da mera possibilidade de uma escultura, a ideia de uma corporalidade[13]. Raramente a escultura *Toute petite figurine*, criada por Giacometti entre 1937 e 1939, foi mostrada de forma tão radical na sua incerteza.

Parece que Rui Chafes se aproxima de Giacometti através dessa pergunta sem resposta sobre a presença (*Dasein*) do mundo de aparições. Kant chama-lhe o «escândalo da filosofia»[14], uma ideia que encontrou eco em Heidegger[15]. Um reclama a ausência de prova, o outro a indeterminação do ente que procura provar. Esta pergunta viria a ser criticada por filósofos posteriores, como Emmanuel Levinas e Hans Jonas, que basearam a nossa relação com o mundo exterior numa filosofia de responsabilidade. A discussão sobre o «escândalo da filosofia» continua, ainda hoje, a reacender-se com a alegação de que se trata de uma problemática puramente filosófica, fora da experiência quotidiana. Contudo, a pergunta sobre o que vemos quando abrimos os olhos tem ocupado gerações, não só de filósofos e artistas, mas também de cientistas. Talvez sem o saberem, Giacometti e Rui Chafes estejam mais próximos das ideias de Leibniz, para quem «*aperire oculos* [abrir os olhos] contra a preguiça humana»[16] significava cair numa vertigem infinita.

Enquanto Giacometti luta com a realidade numa análise quase obsessiva, criando sempre novas esculturas a partir das suas derrotas, poderíamos dizer que, na obra de Rui Chafes, a dúvida do tangível se desenvolveu ao longo dos anos em material escultórico paradoxal. Para Chafes, noite, escuridão ou sombra não são ausência de luz, mas o elemento estético da intangibilidade material. Para ambos os escultores, a dúvida da «presença do mundo das coisas, da realidade dos objetos», constitui uma força motriz decisiva para a criação.

13 — Rui Chafes numa das conversas de ateliê com a autora.

14 — Immanuel Kant, *Crítica da Razão Pura*, tomo XXXIX, XL (Anotações).

15 — Martin Heidegger, *Ser e Tempo*. Petrópolis: Editora Vozes, 2005, 15.ª edição, § 43, p. 271.

16 — Gottfried Wilhelm Leibniz in Horst Bredekamp, *Die Fenster der Monade, Gottfried Wilhelm Leibniz' Theater der Natur und Kunst*. Berlim: Akademie Verlag, 2004, p. 193, nota de rodapé 646.

The strength of these sculptures lies in their lack of pictorialism, in the fact that their representationalism dissolves the moment they come into view. At the moment of their appearance, their character when viewed frontally is radically different from that seen in profile. With a similarly inalienable freedom, Chafes demolishes the corporeal in his own sculptures. A new body of work is announced with a series of sculptures he embarked on in spring 2018: Un autre corps I *and* II *[Another body I and II]*, Tremor V, Avec rien *[With nothing]. Sliced-open, hollow corporeality. More audaciously than ever before, Chafes exposes to view the uneven aspect of the interior and casts into question the smooth and polished surface. The other side, the night skin, the shadow body. The inner emptiness that exposes its darkroom. The night revealed as a sculptural material. Once again, these sculptures drag their actuality into a vertigo-inducing doubt concerning the uncertain world of appearances. In an emotional and physical experience, a secret is made tangible, one that barely any other exhibition has been able to transform into an event with this degree of intensity.[17] We see how these two sculptors, Chafes and Giacometti, meet at the heart of their most radical truth: their sculptures reveal nothing; they are the ungraspable vacillation of their outward appearance; and they are the liberation of the sculpture from its objective being.*

17 — The curator Helena de Freitas, who initiated this encounter between Alberto Giacometti and Rui Chafes, demonstrates that looking is a bodily, sensory and emotional experience, and thus, with this exhibition, points the way forward.

Por isso, existe uma forte lógica no contraste que Rui Chafes tem a ousadia de criar na terceira grande parte da exposição. Se, até aí, tinham sido escolhidas as peças mais pequenas e frágeis do mestre, aqui surgem as maiores esculturas de Giacometti, como *Buste d'un homme* [Busto de um homem], da década de 1950, ou *Femme debout sans bras*, do início da década de 1960. A força destas peças reside exatamente no facto de não serem verdadeiramente figuras esculpidas, de perderem a sua objetualidade no momento da sua apresentação, ou aparição, já que mudam radicalmente de aparência quando vistas de frente ou de perfil. Com uma igual liberdade inalienável, também Chafes abandona o corpóreo das suas esculturas. A sua série de esculturas iniciadas na primavera de 2018, *Un autre corps I* e *II*, *Tremor V* e *Avec rien*, anuncia um novo conjunto de trabalhos. Uma corporalidade oca, aberta. Mais audacioso do que nunca, Chafes deixa escancarar o rosto irregular do interior e desafia a superfície alisada e polida. O outro lado, a pele da noite, o corpo da sombra. O espaço vazio interior mostrado pela sua câmara escura. A noite é revelada como material escultórico. Também estas esculturas introduzem a sua realidade na dúvida vertiginosa sobre o mundo de aparições indeterminado. Numa descoberta emocional e física, descobrimos um segredo que, neste grau de intensificação, rara é a exposição que consegue transformar em evento[17]. Podemos experienciar como os escultores Chafes e Giacometti se encontram no coração da sua verdade mais radical: as suas esculturas não mostram nada, são o balançar intangível da sua emergência a libertação da obra plástica do seu ser objetual.

17 — A curadora Helena de Freitas, que deu início a este encontro entre Alberto Giacometti e Rui Chafes, mostra que a observação é uma experiência corporal-sensorial-emocional. Por isso, com esta exposição aponta para o futuro.

Rui Chafes, Alberto Giacometti. Criando fantasmas[I]

Rui Chafes, Alberto Giacometti. Phantoms arising[I]

Christian Alandete

A poucos minutos de Lisboa, na solidão de um ateliê de conforto rudimentar anexo à casa de família, à sombra de um grande pinheiro plantado pelo pai durante a sua infância, Rui Chafes ocupa-se da produção de esculturas em ferro e em metal. As suas formas abstratas parecem extremamente leves, dando a ideia de flutuarem no espaço, embora o peso do metal as atraia inexoravelmente para o solo. Suspensas sobre as partículas de aço que cobrem o chão, formas orgânicas levitam, simultaneamente atrativas e inquietantes, apresentando uma superfície lisa e acetinada que pede uma carícia, enquanto uma fenda as atravessa de um lado ao outro, revelando as suas entranhas e mantendo o visitante à distância. Revelam-se, assim, as suturas que mantêm unidas as chapas de metal meticulosamente ligadas pelo artista, como uma lembrança de como as aparências iludem. Este jogo de ilusão revela a ambivalência com que todos somos diariamente confrontados, dissimulando sob uma aparente bonomia uma violência interior mais ou menos controlada.

Num recanto do ateliê, vê-se o recorte de uma forma que retoma o perfil de *Le Nez* de Alberto Giacometti. A partir desta escultura emblemática do período pós-guerra do artista suíço — uma representação sublimemente mórbida e grotesca da experiência da morte —, Chafes criou uma obra monumental e radical, perigosa e violenta, da qual não se sairá incólume.

Pontada no coração

«Vou fazer uma escultura que pode matar!», tinha avisado Chafes. E, efetivamente, a obra aponta uma lâmina afiada ao coração do visitante, mantendo-o à devida distância, já que, aproximando-se demasiado, corre o risco de ser trespassado. Olhar a morte de frente é a experiência que Chafes nos propõe

Este texto foi escrito em 2018.

1 — «Vós fizestes com que eu criasse fantasmas que agora tenho de concretizar», carta de Sade à sua esposa, 25 de junho de 1783.

A few minutes from Lisbon, in the solitude of a workshop of rudimentary comfort next to his family home, sheltered under a large pine tree planted by his father in his childhood, Rui Chafes is busy producing iron and metal sculptures. His abstract forms appear extremely light, literally floating in space, even though the weight of the metal draws them inexorably to the ground. Suspended above the fragments of steel that litter the floor, organic forms levitate, both attractive and disquieting, their smooth, satiny exterior beckoning to be caressed. However, a crack, cutting right through the piece, keeps the observer at a distance by revealing the innards. The sutures that hold the metal plates together, having been meticulously assembled by the artist, are then revealed as a reminder of how deceptive appearances can be. This illusory game reveals the ambiguity that confronts all of us on a daily basis, concealing a more or less controlled inner violence beneath an apparent bonhomie.

In a corner of the studio, there lies a cut-out shape replicating the form of Alberto Giacometti's Le Nez *[The Nose]. From this emblematic sculpture of the Swiss artist's post-war period—a sublimely morbid and grotesque representation of the experience of death—Chafes has created a monumental and radical work, a dangerous and violent piece from which one cannot emerge unscathed.*

A spike to the heart

'I'm going to create a sculpture that can kill!' Chafes warned. Indeed, the work points a sharp blade at the observer's heart, keeping them at a fair distance. If you get too close, you risk impaling yourself. Looking death in the face is the experience that Chafes proposes through this re-reading of Giacometti's Le Nez. *The plaster sculpture, created by the Swiss artist between 1947 and 1950, seems quite fragile, suspended in a metal 'cage', a disproportionate mask balancing perilously on a plinth, as if to better reveal the eminently precarious nature of existence.*

This text was written in 2018.

1 — 'Owing to you phantoms have arisen in me which I shall have to render real', letter from Sade to his wife, 25 June 1783.

através desta releitura de *Le Nez* de Giacometti. A escultura de gesso, realizada pelo artista suíço entre 1947 e 1950, aparenta ser bastante frágil, suspensa numa «gaiola» metálica, uma máscara desmesurada colocada em instável equilíbrio sobre um pedestal, para conseguir revelar melhor a natureza eminentemente precária da existência.

Quando Giacometti começou a obra *Le Nez*, em 1947, a sua obsessão pela morte fazia-se sentir com particular intensidade. No ano anterior, a convite do seu amigo e editor Skira, Giacometti tinha publicado um texto profético, *Le Rêve, le Sphinx et la mort de T.* [O Sonho, a Esfinge e a morte de T.], no qual regressava a visões surrealistas, descrevendo literalmente a obra que viria a criar no seu relato do falecimento de Peter van Meurs, um bibliotecário idoso com quem tinha viajado na sua juventude e cuja morte tinha testemunhado. Presenciar aos 20 anos esta passagem para o outro lado marcou para sempre a mente do jovem Giacometti. «Observava a cabeça de Van M. a transformar-se (o nariz tornando-se cada vez mais pronunciado, as bochechas afundando-se; de boca aberta, quase imóvel, M. mal respirava; ao anoitecer, enquanto tentava desenhar o seu perfil, fui tomado pelo medo súbito de que ele fosse morrer).» Neste relato, escrito quase vinte e cinco anos após o evento, Giacometti descreve, através desta visão do rosto de M. a transformar-se diante dos seus olhos, o trabalho que iniciaria no ano seguinte. Entre 1947 e 1950, realizou diversas variantes de *Le Nez* suspensas numa gaiola metálica, primeiro inteiramente em gesso, fixando posteriormente as características do rosto agonizante em bronze. O nariz encontra-se precariamente suspenso numa gaiola demasiado pequena para a obra, que a transborda, apêndice desproporcionado que trespassa uma das faces, representando esta passagem de um mundo

When Giacometti began Le Nez *in 1947, his obsession with death was particularly intense. The previous year, at the invitation of his friend, the publisher Skira, Giacometti had written a prophetic text:* The Dream, the Sphinx, and the Death of T., *in which he returned to surrealist visions. It literally described the coming work in his account of the death of Peter van Meurs, an old librarian with whom he had travelled in his youth. Giacometti, then aged 20, experienced this passage from life to death, which took place before his very eyes and marked the young man's mind forever. 'I watched Van M.'s head change (his nose became more and more pronounced, his cheeks became sunken, as he was barely breathing through his open mouth. Towards evening, while attempting to draw his profile, I was taken by the sudden fear that he would die)'. In his account, written almost twenty-five years after the event, Giacometti describes, through this vision of the face being transformed before his eyes, the work he would begin the following year. Between 1947 and 1950, he made several versions of* Le Nez, *first entirely in plaster, suspended in a metal cage, then freezing the features of the dying face in bronze. The nose hangs precariously in a cage that is too narrow for the overflowing work, the disproportionate appendage protruding through one of the sides, as if representing the passage from one world to the next. Death was a constant companion for Giacometti. Both frightening and derisory, it obsessed his days but above all his nights, when the light would always be on, as if to ward off the imminent arrival of the grim reaper. In his observation of the living, Giacometti cannot help but see death at work, imagining it lurking just next door, biding its time. 'It was no longer a living head, but an object I was looking at like any other object, but no, differently, not like any other object, but like something simultaneously living and dead. I gave a cry of terror, as if I had just crossed a threshold, as if I was entering a world never seen before. All the living were dead [...]' In his essay published in the catalogue of Giacometti's exhibition at the Pierre Matisse*

para outro. A morte sempre foi companheira de percurso de Giacometti. Simultaneamente assustadora e irrisória, ofusca os seus dias, mas sobretudo as suas noites, durante as quais a luz permanece sistematicamente acesa, afastando a iminente vinda da Ceifeira. Na sua observação dos vivos, Giacometti não consegue deixar de ver a morte na obra, imaginando-a à espreita, ali mesmo ao lado, e aguardando a sua vez. «Já não era uma cabeça viva, mas um objeto que eu olhava como qualquer outro objeto, mas não como qualquer outro objeto: como algo vivo e morto ao mesmo tempo. Soltei um grito de terror como se tivesse acabado de atravessar um limiar, como se tivesse entrado num mundo nunca antes visto. Todos os vivos estavam mortos (...)», referia, em 1948, Jean-Paul Sartre, acerca desta aterradora inversão do mundo dos vivos com o mundo dos mortos, no ensaio publicado no catálogo da exposição de Giacometti na galeria de Pierre Matisse, em Nova Iorque, onde o artista apresentava as suas novas obras, incluindo *Le Nez*. Jean Genet, no ensaio que dedicaria ao artista alguns anos mais tarde, teve a epifania de que as figuras de Giacometti não são feitas para os vivos, mas «sentinelas que encantam os mortos». De entre as três versões diferentes que pertencem à coleção da Fondation Giacometti, a versão incompleta, confiada a Chafes, será provavelmente aquela em que o caráter eminentemente violento é percetível de forma mais clara. Esta cabeça, cujo apêndice nasal foi cortado — provavelmente pelo artista, visando a fundição — e que repousa sobre uma espécie de bastão que remete para outros elementos fálicos do seu período surrealista, como a ponta de *Pointe à l'œil* (1931), ou ainda de *Homme et femme* (1928-1929) e *Objet désagréable* (1931), evoca uma arma pronta a disparar, o que é reforçado pelo dispositivo concebido por Chafes. Na sua análise de *Le Nez*, Jean Clair salienta

Gallery in New York in 1948, featuring his new works, including Le Nez, *Jean-Paul Sartre remarked upon this terrifying inversion of the world of the living with that of the dead. In his essay devoted to the artist a few years later, Jean Genet had the epiphany that Giacometti's figures are not made for the living but are 'sentinels that rapture the dead'. Of the three different versions in the Giacometti Foundation's collection, the incomplete one entrusted to Chafes is probably that which most directly conveys this eminently violent nature. This head, whose nasal appendage has been neatly severed—probably by the artist with a view to casting it—rests on a sort of stick reminiscent of other phallic elements from his surrealist period, such as the spike in* Pointe à l'œil *[Point to the Eye] (1931),* Homme et femme *[Man and Woman] (1928–1929) and* Objet désagréable *[Disagreeable Object] (1931). The work evokes a gun ready to be fired, which is reinforced by the device conceived by Chafes. In his analysis of* Le Nez, *Jean Clair emphasised the 'universally phallic connotation of the nasal organ'. He recalled the carnival masks used during 'pagan fertility rituals in the Northern Alps', Giacometti's native region, heralding the resurrection of spring after winter. These masks, which may have inspired Giacometti, are particularly present in Chafes's work in a number of guises, evoking sadomasochistic accessories, torture objects, and medieval helmets. These masks, hanging on the wall like trophies ready to be pulled off, reveal a tension between protection and aggression.*

The dark light

The ambivalence between opposing forces is, without doubt, what most connects the work of the two artists, each in its own way, with a constant play on the duality between contradictory feelings, mixing violence and desire, light and darkness, strength and fragility, emptiness and fullness, the minuscule and the monumental, lightness and heaviness.

a «conotação universalmente fálica do órgão nasal» e recorda as máscaras carnavalescas utilizadas durante os «rituais pagãos de fertilidade nos Alpes do Norte», terra natal de Giacometti, que anunciam a ressurreição da primavera depois do inverno. Estas máscaras, em que Giacometti se pode ter inspirado, encontram-se particularmente presentes na obra de Chafes em numerosas variações, evocando acessórios sadomasoquistas, objetos de tortura ou elmos de defesa medievais. Penduradas na parede como troféus, mas prontas a serem utilizadas, revelam uma tensão entre proteção e agressão.

A luz negra

A ambivalência entre forças opostas é, sem dúvida, o que melhor une o trabalho dos dois artistas, cada um jogando à sua maneira com a dualidade de sentimentos contraditórios, misturando violência e desejo, luz e trevas, força e fragilidade, vazio e plenitude, minúsculo e monumental, leveza e peso. As figuras de gesso que Giacometti produziu no período pós-guerra são marcadas pelo desejo de ancorar os corpos em pedestais maciços: o corpo, reduzido ao essencial, é suportado por pés desmesuradamente desproporcionados, oferecendo um efeito singular de perspetiva que Genet descreveu como a capacidade de produzir a sensação de ver as mulheres simultaneamente de perto e de longe. Estas mulheres, eretas como árvores, como refere Giacometti numa carta dirigida a Pierre Matisse[2], encontram o seu complemento nas esculturas suspensas de Chafes, ao mesmo tempo leves e sólidas, lembrando vagens penduradas em ramos, ou carcaças. As formas orgânicas que o artista intitulou *Un autre corps* (2018) evocam não tanto a dimensão física do corpo, mas a sua componente carnal, mantendo-se ainda afastadas de qualquer figuração explícita.

2 — Carta de Giacometti a Pierre Matisse, 1950, pertencente ao arquivo da Fondation Giacometti, em Paris.

The plaster figures Giacometti produced in the post-war period are marked by a desire to anchor the bodies on massive supports: the body, reduced to its essentials, is planted on disproportionately large feet, offering a singular perspective that Genet described as the sensation of simultaneously seeing women from both near and afar. These women standing like trees, to use Giacometti's own words in a letter to Pierre Matisse,[2] find their counterpart in Chafes's suspended sculptures, which are both ethereal and solid, reminiscent of carcasses or pods clinging to tree branches. These organic forms, which the artist titled Un autre corps *[Another Body] (2018), evoke not so much the physical dimension of the body as its carnal aspect while steering away from any overly explicit figuration. These black metal carcasses, with their gleaming satin finishes, transform the space into a floating world, populated by figures that manage to imagine the unimaginable and make the invisible visible, while at the same time revealing the trickery behind appearances and masks. The secret sufferings, the unfulfilled desires, and the inner demons tend to be hidden under a polished, embellished mask that we all wear in public and only lower when we come face to face with ourselves. To remove the mask is to be willing to reveal the vulnerability of the human being beneath. The same one that Giacometti, along with other post-war artists, attempted to reveal through works that have become emblematic of a new humanism and whose impact seems to endure in the work of the Portuguese artist.*

The limits of reality

Among the sculptures and drawings by Giacometti that Chafes wished to place alongside his own creations are works that are for the most part unknown, fragile, and delicate: small heads in dried clay rescued from the studio, which the slightest touch could reduce to dust; pencil or ballpoint pen drawings in which heads, sometimes barely

2 — Letter to Pierre Matisse, 1950, Archives Fondation Giacometti, Paris.

Estas carcaças de metal preto e de fúlgido acabamento acetinado transformam o espaço num mundo flutuante, povoado de figuras que representam o irrepresentável, tornam visível o invisível e revelam a armadilha das aparências e das máscaras. Os sofrimentos secretos, os desejos por realizar e os demónios interiores são geralmente dissimulados sob as máscaras polidas e embelezadas que cada um usa em público e só retira quando se encontra de frente para si próprio. Deixar cair a máscara é aceitar revelar a vulnerabilidade do ser humano. A vulnerabilidade que Giacometti, juntamente com outros artistas do pós-guerra, tentou revelar através de obras que se tornaram emblemáticas de um novo humanismo e cujo alcance parece prolongar-se na obra do artista português.

Os limites do real

Entre as esculturas e desenhos de Giacometti que Chafes escolheu para conviverem com as suas próprias criações encontram-se obras na sua maioria inéditas, frágeis e delicadas: pequenas cabeças de barro seco resgatadas do ateliê e que uma simples pressão poderia reduzir a pó; desenhos a lápis ou esferográfica nos quais flutuam cabeças apenas esboçadas ou, pelo contrário, desenhos nos quais o artista traçou repetidamente as linhas ao ponto de rasgar a folha. Obcecado com a representação da figura humana, Giacometti abraçou, desde meados da década de 1930, a tarefa que o ocuparia durante o resto da vida: fazer uma cabeça. O que deveria ser um momento de transição após o seu período surrealista tornou-se, literalmente, numa obsessão e numa atividade constante e regular. Feitas de barro ou de gesso, realçadas com vestígios de tinta, estas cabeças de tamanho modesto, isoladas do busto e do corpo,

sketched, float on the page or, conversely, appear repeatedly outlined by the artist to the point of tearing the paper. Obsessed with the representation of the human figure, Giacometti was preoccupied from the mid-1930s onwards with the undertaking that would occupy him all his life: making a head. What was to be a transitional moment after his surrealist period became a literal obsession and a continuous, sustained endeavour. Made from clay or plaster with traces of paint, these modestly sized heads, detached from the bust and body, appear like condensed human figures due to the power of a few simple lines. Generic figures inspired by his brother Diego, and primary male model, these heads aim less at resemblance than at the essence of a man who has become 'generic': 'A whole man, made of all men, worth all of them, and any one of them worth him', to quote the concluding sentence of Sartre's autobiography Words.[3]

Measuring just a few centimetres, these heads are reminiscent of the size of the pocket sculptures Chafes made between 2004 and 2008 as a tribute to the movements of the pickpocket in Robert Bresson's eponymous film. These heavy, smooth, and cold bronze sculptures, designed to be held in the palm of the hand, bear the marks of the artist's fingers. They appear to be the result of direct contact with reality, of an attention paid to the ephemeral gesture now frozen forever in bronze, whose memory they testify and embody. Like Giacometti, Chafes is a sculptor who works directly with matter, shaping from it sculptures that are as visible in themselves as they are revelatory of the space they encompass. The true experience of sculpture is only possible in the physical relationship it produces in space and with the observer. The device Au-delà des Yeux *[Beyond the Eyes] (2018), conceived by Chafes to exhibit Giacometti's works, both reduces the distance between the observer and the work and amplifies it, placing certain sculptures in a relationship that is both close and distant, thereby touching upon the very essence of Giacometti's works. A sculpture practicable on an architectural scale, it*

3 — Jean-Paul Sartre, Words, *translated by Irene Clephane. London: Penguin and Hamish Hamilton, 2000, p. 158.*

surgem concentradas de humanidade pela força de certos traços. Figuras genéricas inspiradas em Diego, seu irmão e principal modelo masculino, estas cabeças visam não tanto a semelhança, mas sobretudo a essência de um homem tornado «genérico»: «Todo um homem, feito de todos os homens, que os vale todos e a quem vale não importa quem», para citar a frase final da biografia de Sartre, intitulada *As Palavras*[3].

Medindo apenas alguns centímetros, estas cabeças fazem lembrar, pelo seu tamanho, as esculturas de bolso que Chafes realizou entre 2004 e 2008 em homenagem aos gestos do protagonista do filme *O Carteirista*, de Robert Bresson. Estas pesadas esculturas de bronze, lisas e frias, concebidas para caberem na palma da mão, apresentam as marcas dos dedos do artista. Parecem ser o resultado de uma contenda direta com o real, da atenção dada a um gesto efémero, agora fixado para sempre em bronze, cuja memória testemunham e materializam. Como Giacometti, Chafes é um escultor que trabalha diretamente a matéria, dando forma a esculturas que se dão a ver e, ao mesmo tempo, revelam o espaço que circunscrevem. A verdadeira experiência da escultura só é possível na relação física que ela produz no espaço e com o visitante. O dispositivo *Au-delà des Yeux* (2018), imaginado por Chafes para apresentar as obras de Giacometti, reduz a distância entre o visitante e a obra ao mesmo tempo que a amplifica, colocando certas esculturas numa relação simultaneamente próxima e distante, em concordância com a própria essência das obras de Giacometti. Escultura praticável à escala da arquitetura, só pode ser experimentada sendo atravessada, deixando perceber uma forma que nunca é possível abranger na sua totalidade. Apresentadas através das aberturas deste longo corredor de metal negro, que o visitante deve percorrer,

3 — Jean-Paul Sartre, *As Palavras*, 3.ª edição, tradução de Jacó Guinzburg. São Paulo: Difusão Européia do Livro, 1967, p. 159.

can only be experienced by walking through it, revealing a form that can never be seen in its entirety. Presented through the openings of this long black metal corridor, through which the visitor has to pass, Giacometti's works are presented without filters, like apparitions. Thanks to this device–sculpture, the visitor–voyeur captures this experience of an ever-changing perception, about which Giacometti unequivocally observed: 'Heads, persons are nothing but the continual movement of the inside, the outside, they are incessantly re-making themselves, they do not have a true substantiality [...] a changing form that can never be completely grasped. And then it is as though they are held together by an inner point that observes us through the eyes and which seems to be their reality, a reality without measure, in a space without limits [...]'.[4]

4 — *Translated from the original: 'Les têtes, les personnages ne sont que mouvement continuel du dedans, du dehors, ils se refont sans arrêt, ils n'ont pas une vraie consistance [...] forme changeante et jamais tout à fait saisissable. Et puis elles sont comme liées par un point intérieur qui nous regarde à travers les yeux et qui semble être leur réalité, une réalité sans mesure, dans un espace sans limite [...]', fragments from a handwritten page, 1960s, Archives Fondation Giacometti, Paris, reprinted in Alberto Giacometti,* Écrits. *Paris: Fondation Giacometti and Hermann Éditions, 2007.*

as obras de Giacometti oferecem-se sem filtros, como se fossem aparições. Graças a esta escultura-dispositivo, o visitante-*voyeur* vivencia assim esta experiência da visão em constante mudança, sobre a qual Giacometti fez irremediavelmente a seguinte observação: «As cabeças, as personagens não passam de um movimento contínuo do interior, do exterior, refazem-se constantemente, não têm uma consistência real (...) forma mutável e nunca completamente percetível. São como que ligadas por um ponto interior que nos olha através dos olhos e que parece ser a sua realidade, uma realidade sem medida, num espaço sem limites (...)»[4].

4 — Traduzido do original: «Les têtes, les personnages ne sont que mouvement continuel du dedans, du dehors, ils se refont sans arrêt, ils n'ont pas une vraie consistance [...] forme changeante et jamais tout à fait saisissable. Et puis elles sont comme liées par un point intérieur qui nous regarde à travers les yeux et qui semble être leur réalité, une réalité sans mesure, dans un espace sans limite [...]», fragmentos de página manuscrita, datada da década de 1960, pertencentes ao arquivo da Fondation Giacometti, em Paris, reimpressos em Alberto Giacometti, *Écrits*. Paris: Fondation Giacometti e Hermann Éditions, 2007.

Alberto Giacometti

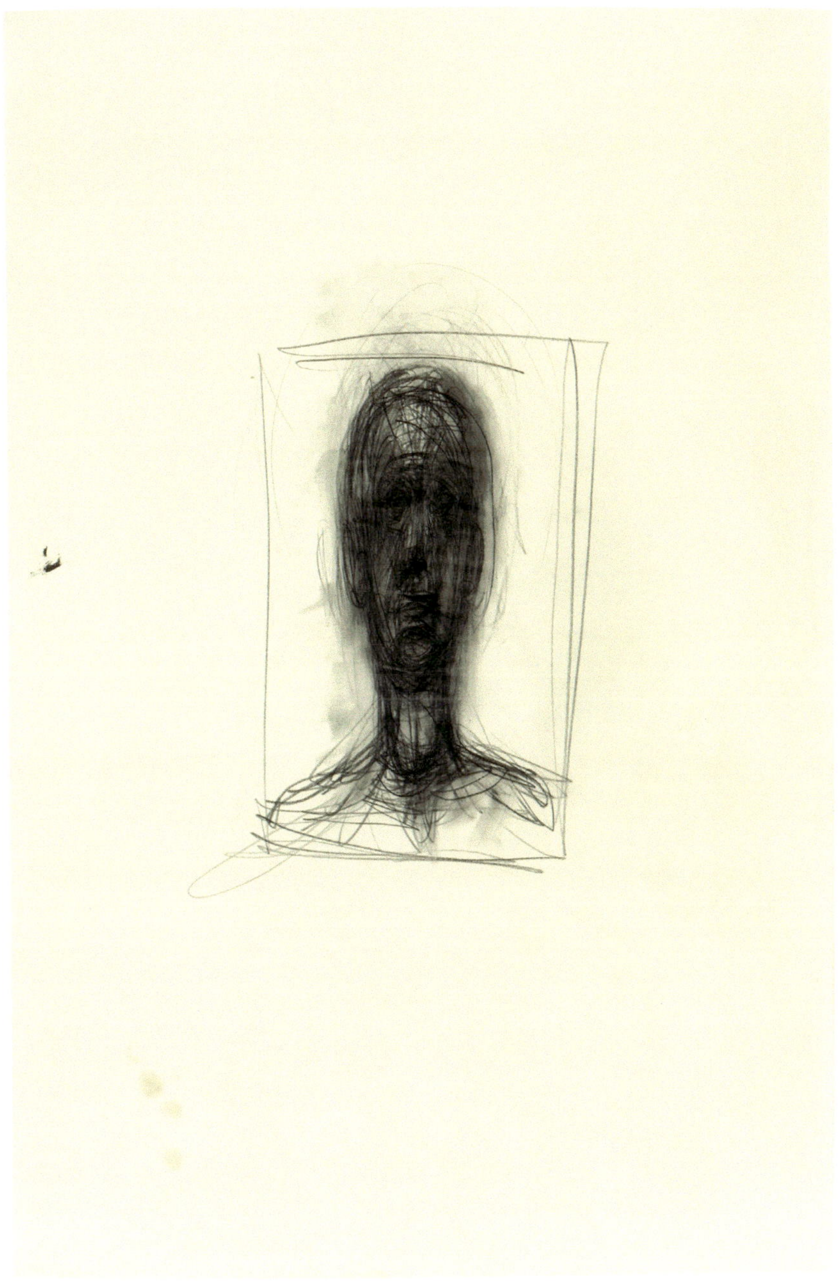

Tête d'homme dans un cadre, c. 1949

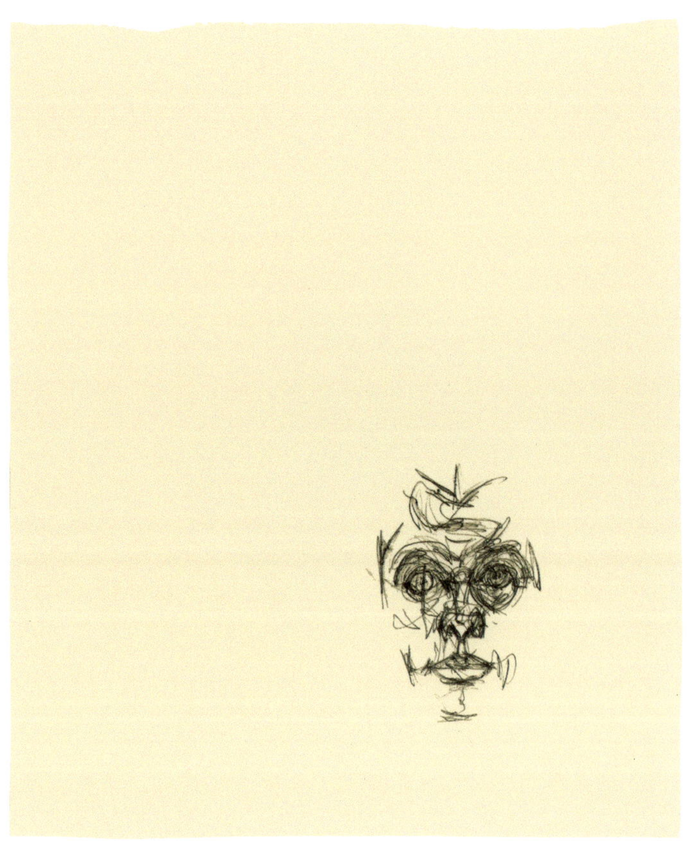

Tête d'homme, c. 1961

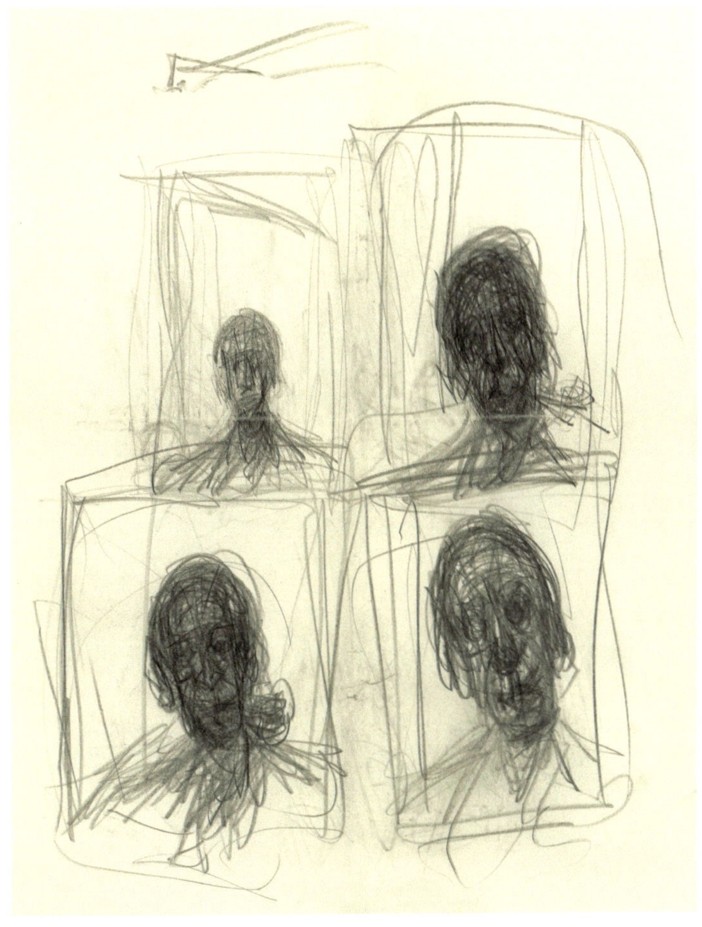

Têtes (projeto para / *project for* Pierre Loeb, «Regards sur la peinture», Paris, La Hune, 1950), 1949-1950

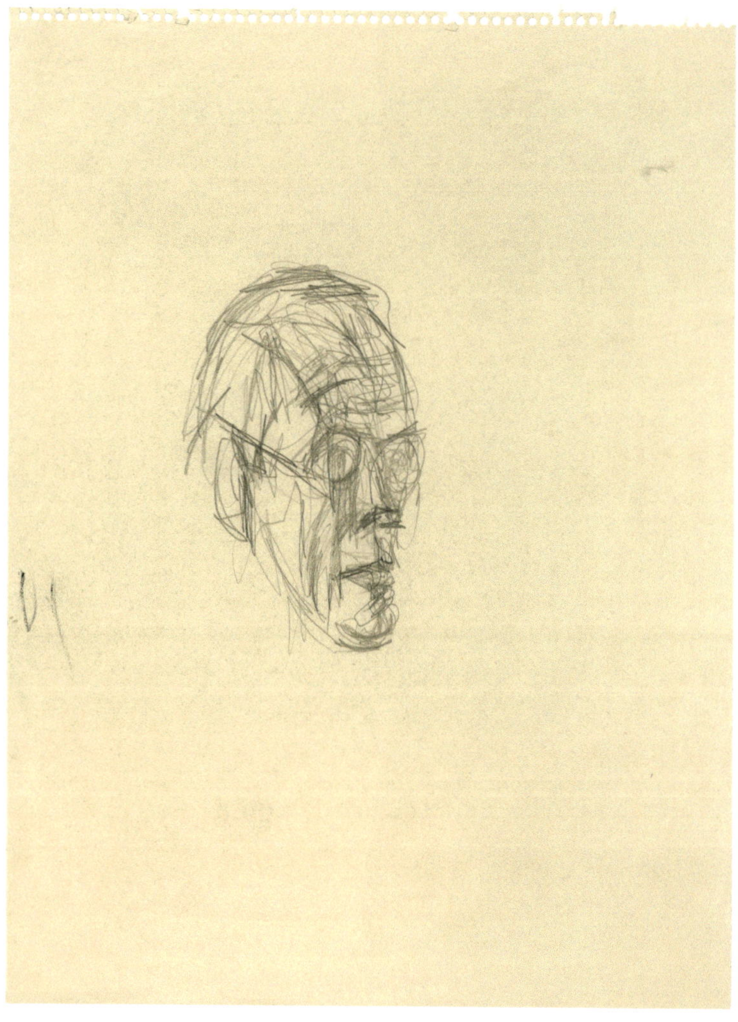

Tête de Diego, c. 1946

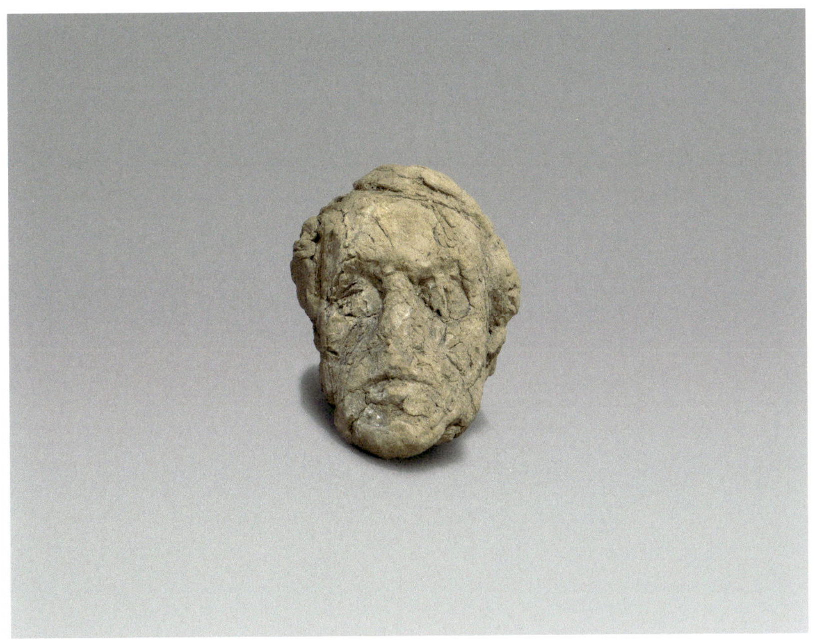

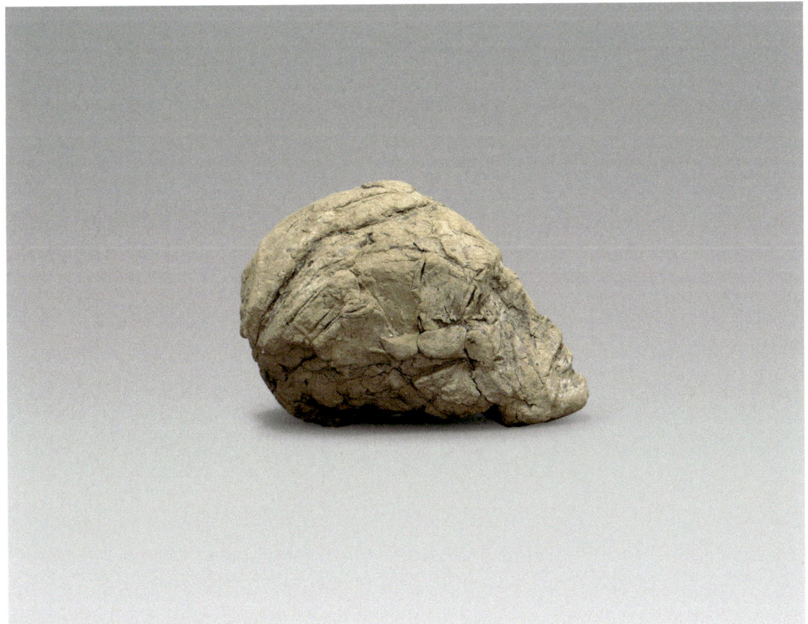

Tête de Diego, 1934-1941

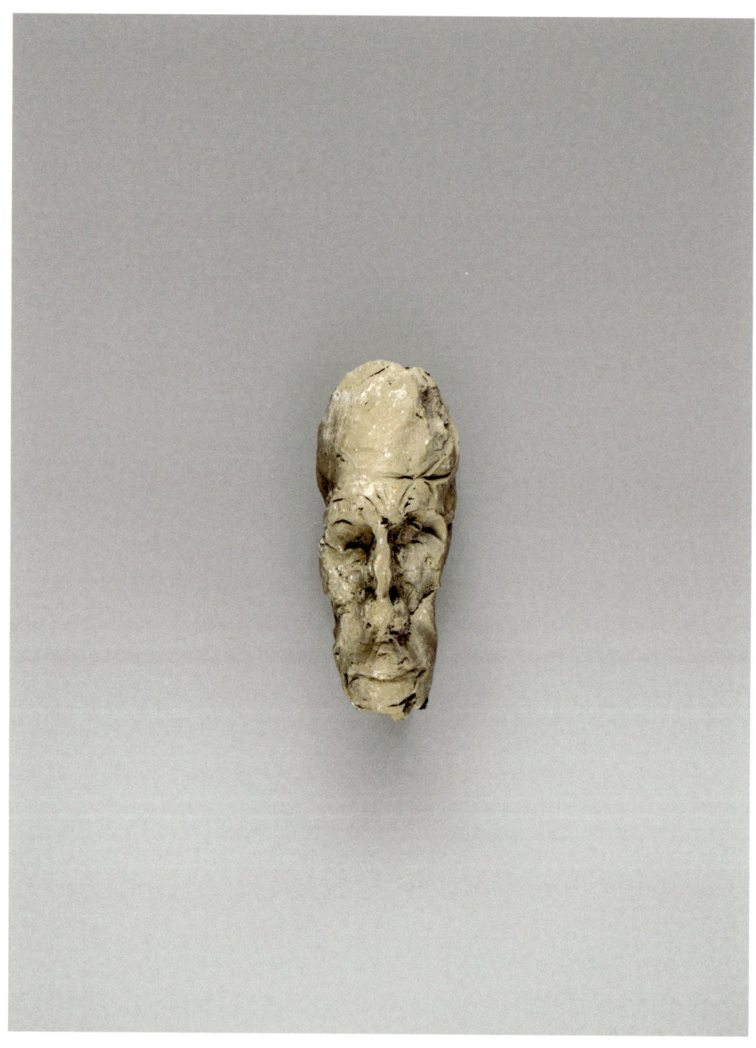

Tête d'homme, c. 1946

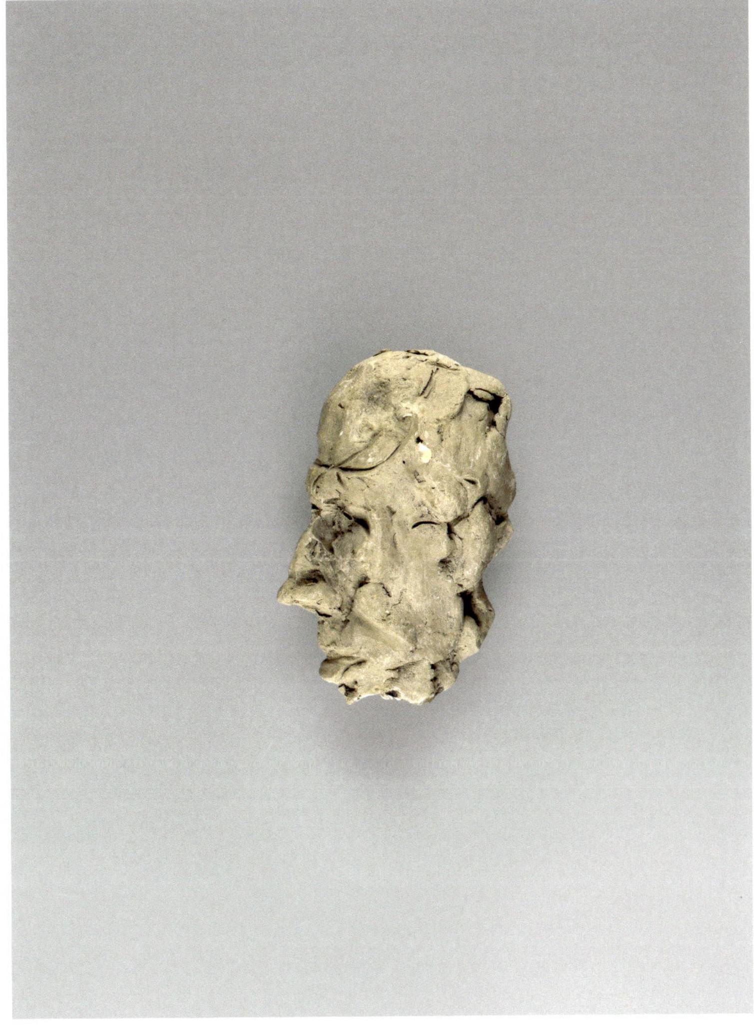

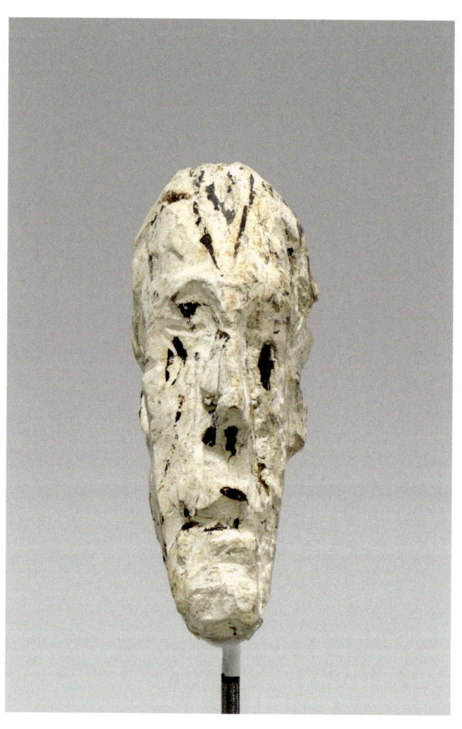

Tête d'homme, c. 1950

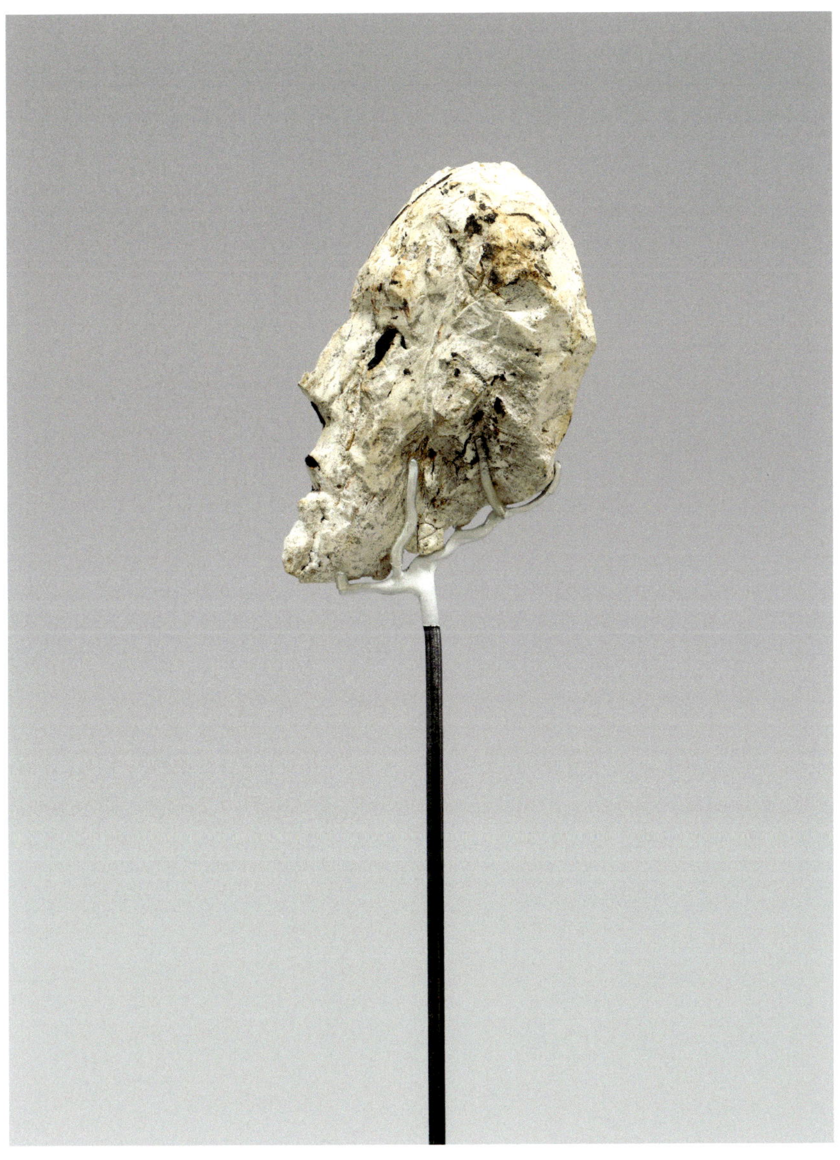

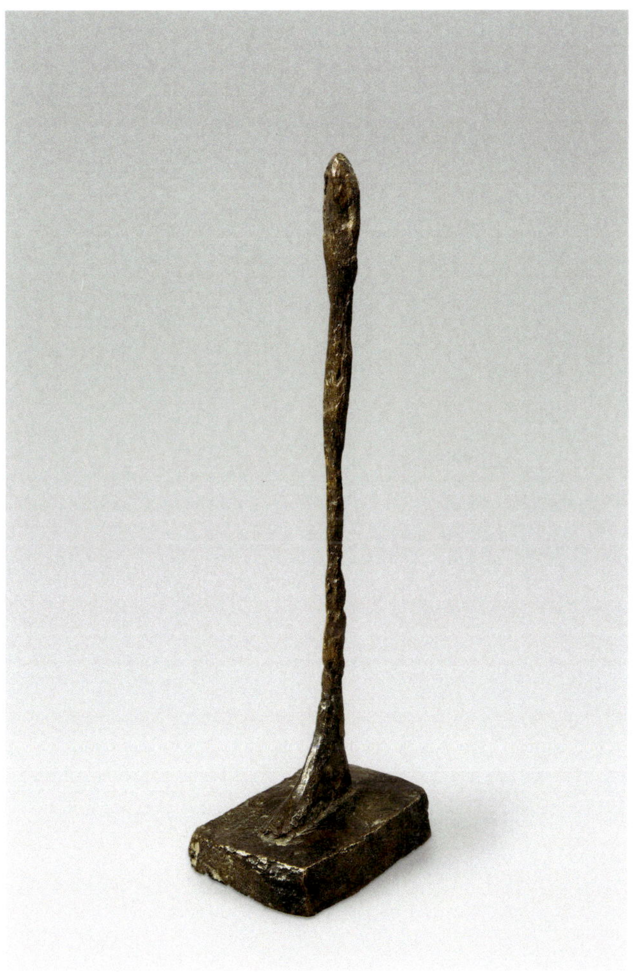

Figurine de la Cage (primeira versão / *first version*), 1950

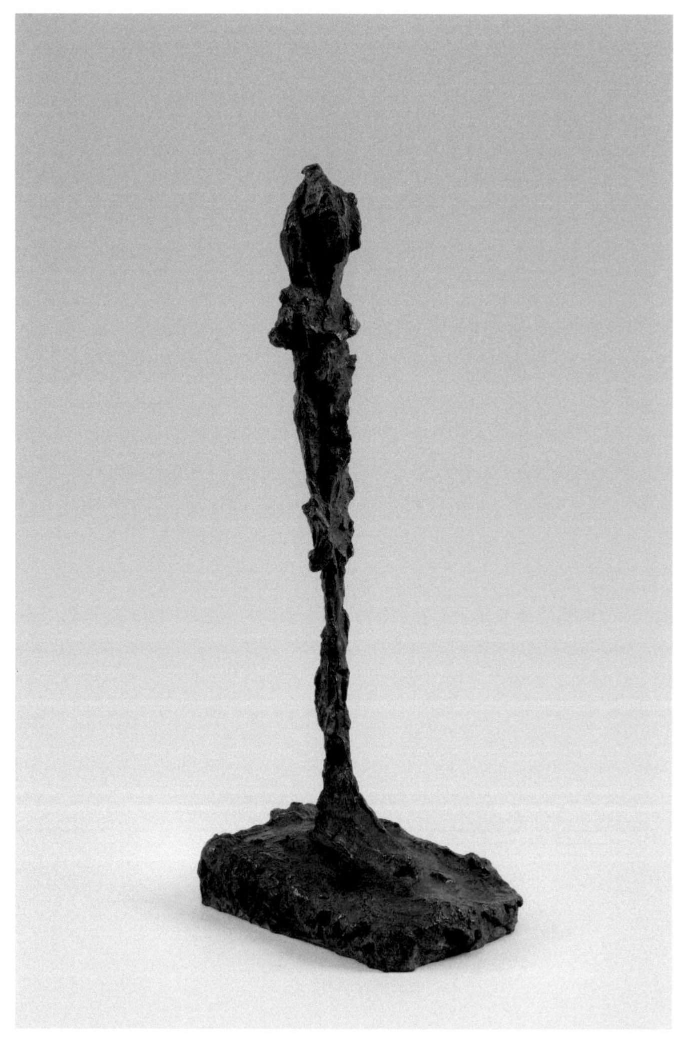

Figurine, c. 1956

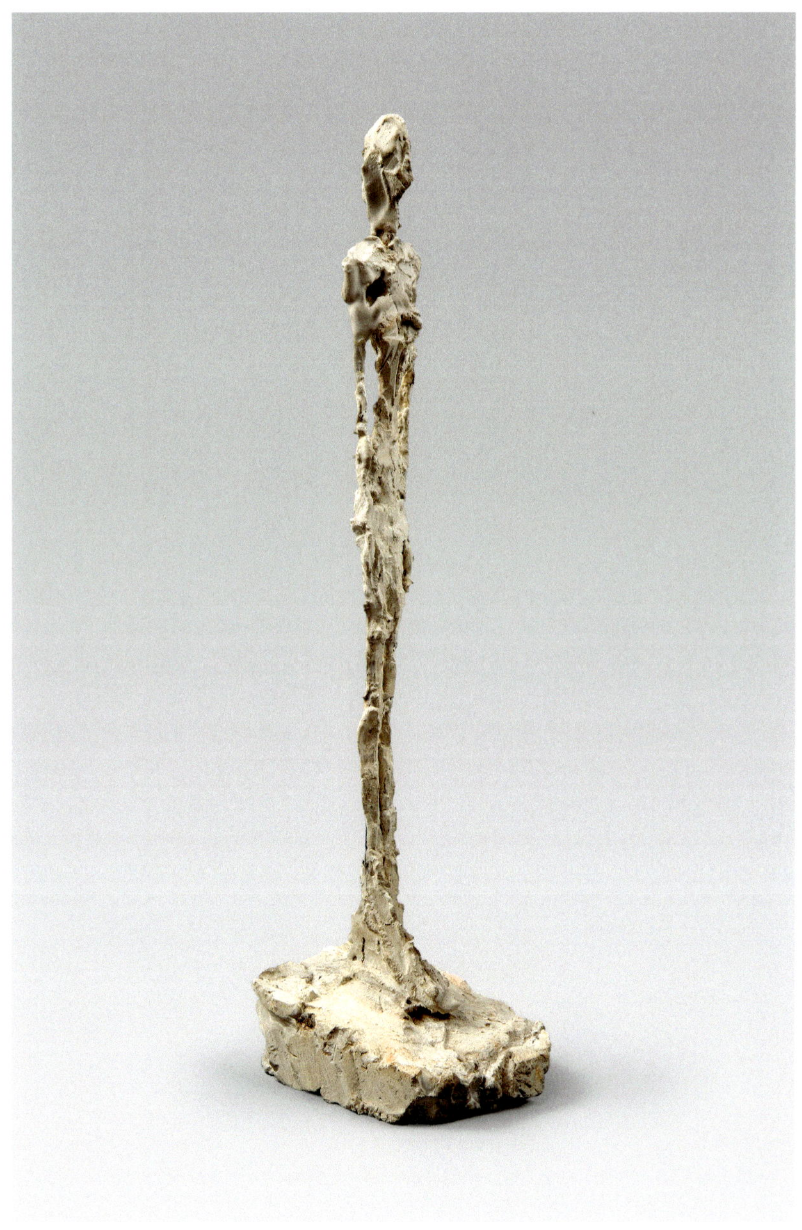

Femme debout, 1956

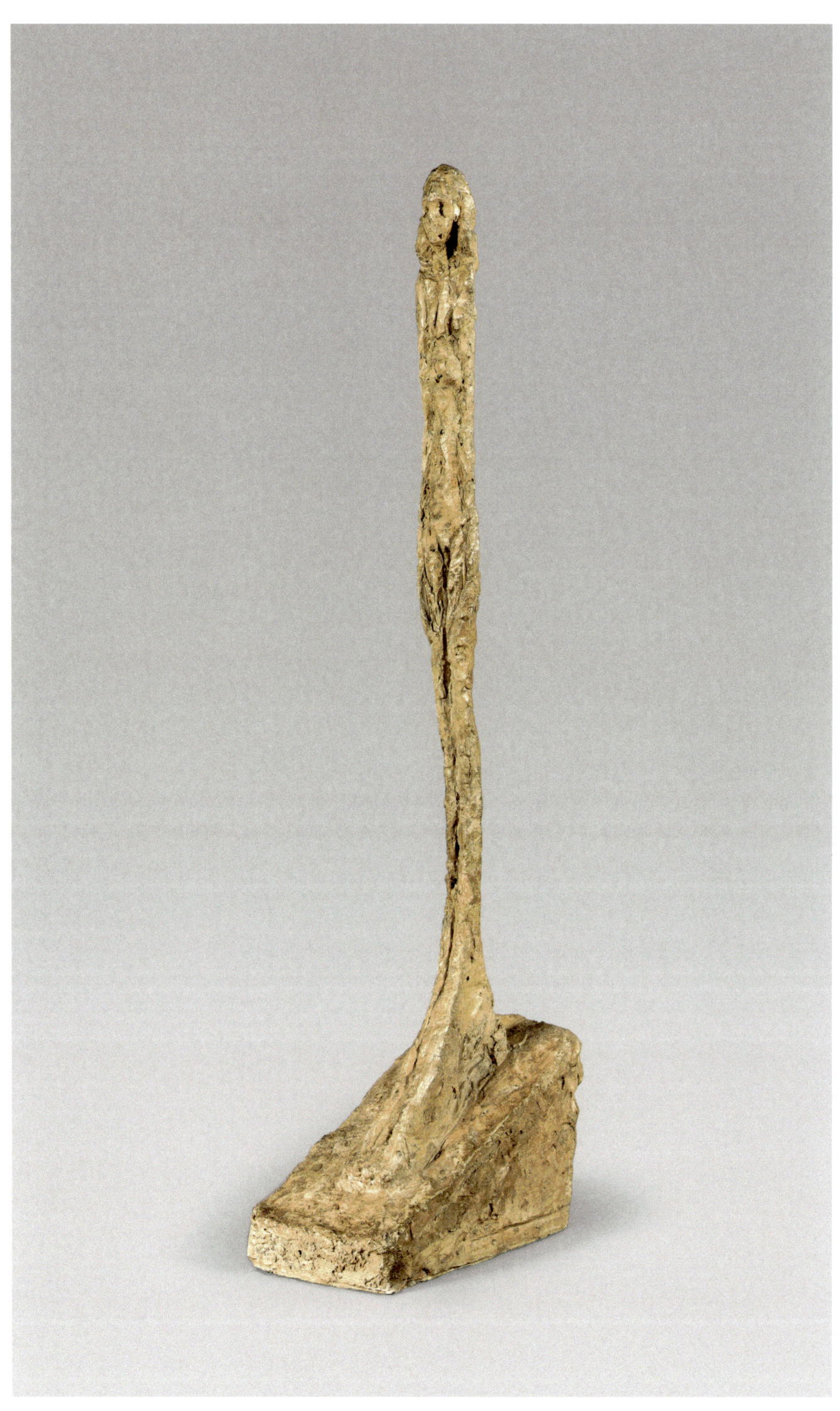

Femme debout, c. 1952

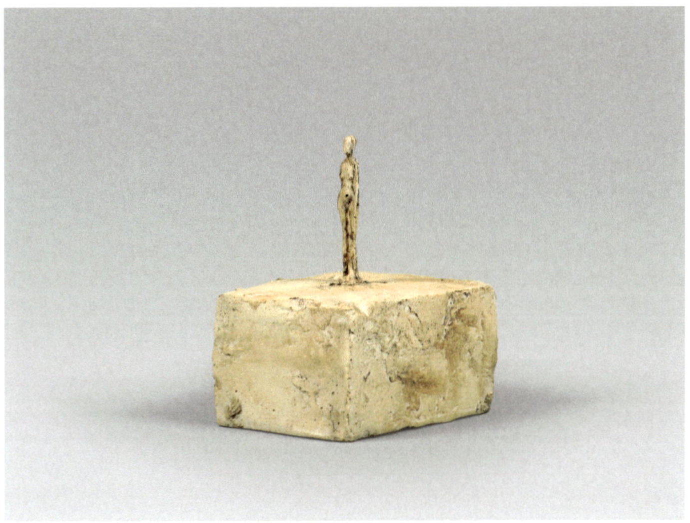

Toute petite figurine, 1937-1939

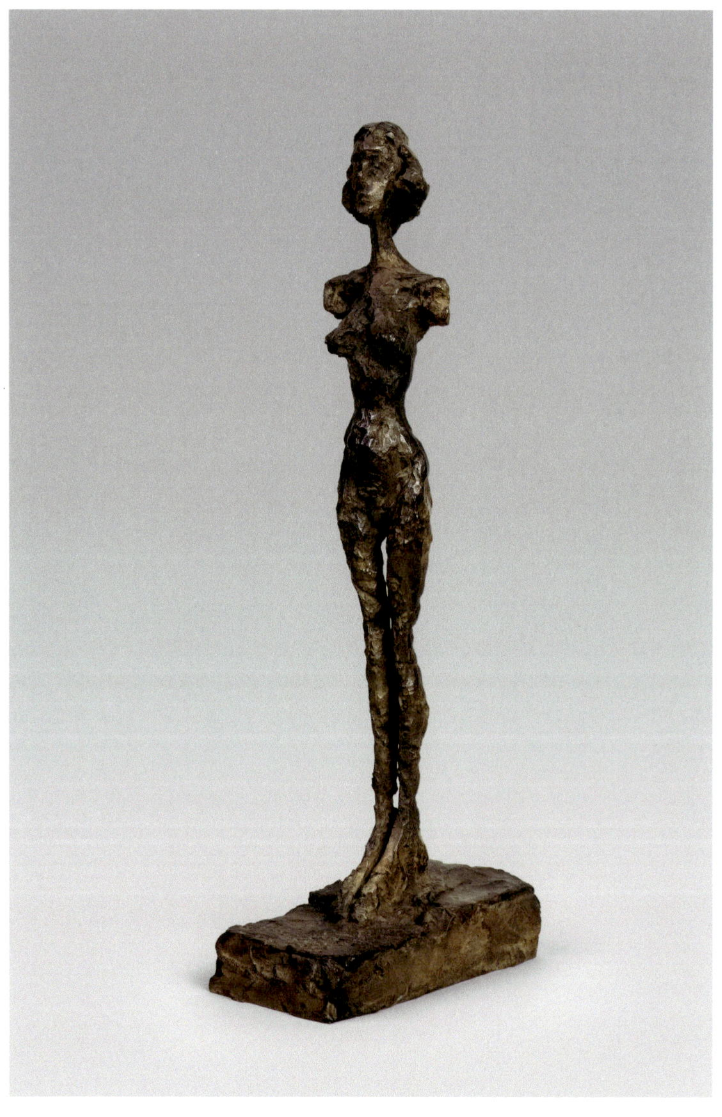

Annette debout, c. 1954

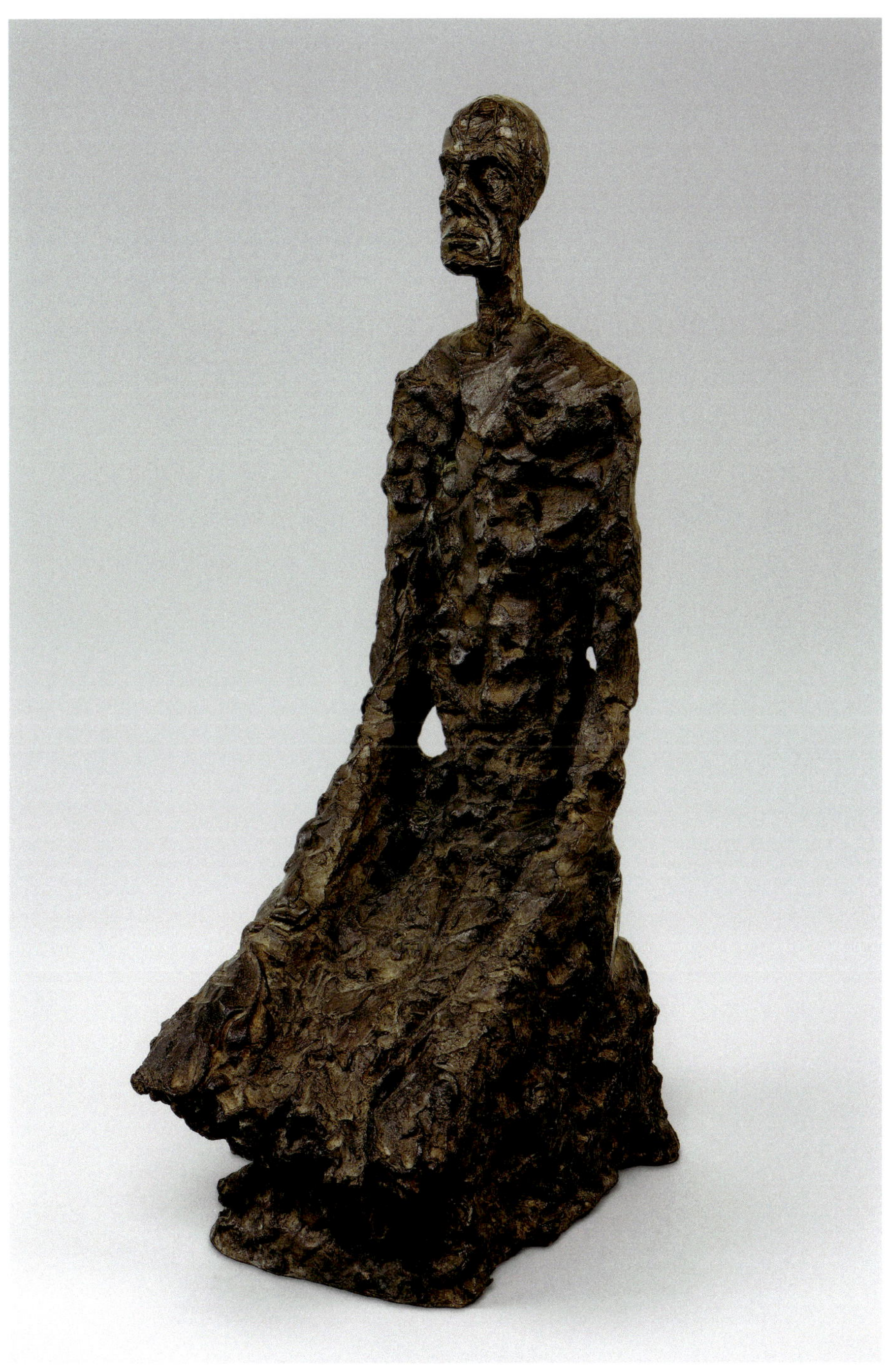

Homme à mi-corps, 1965

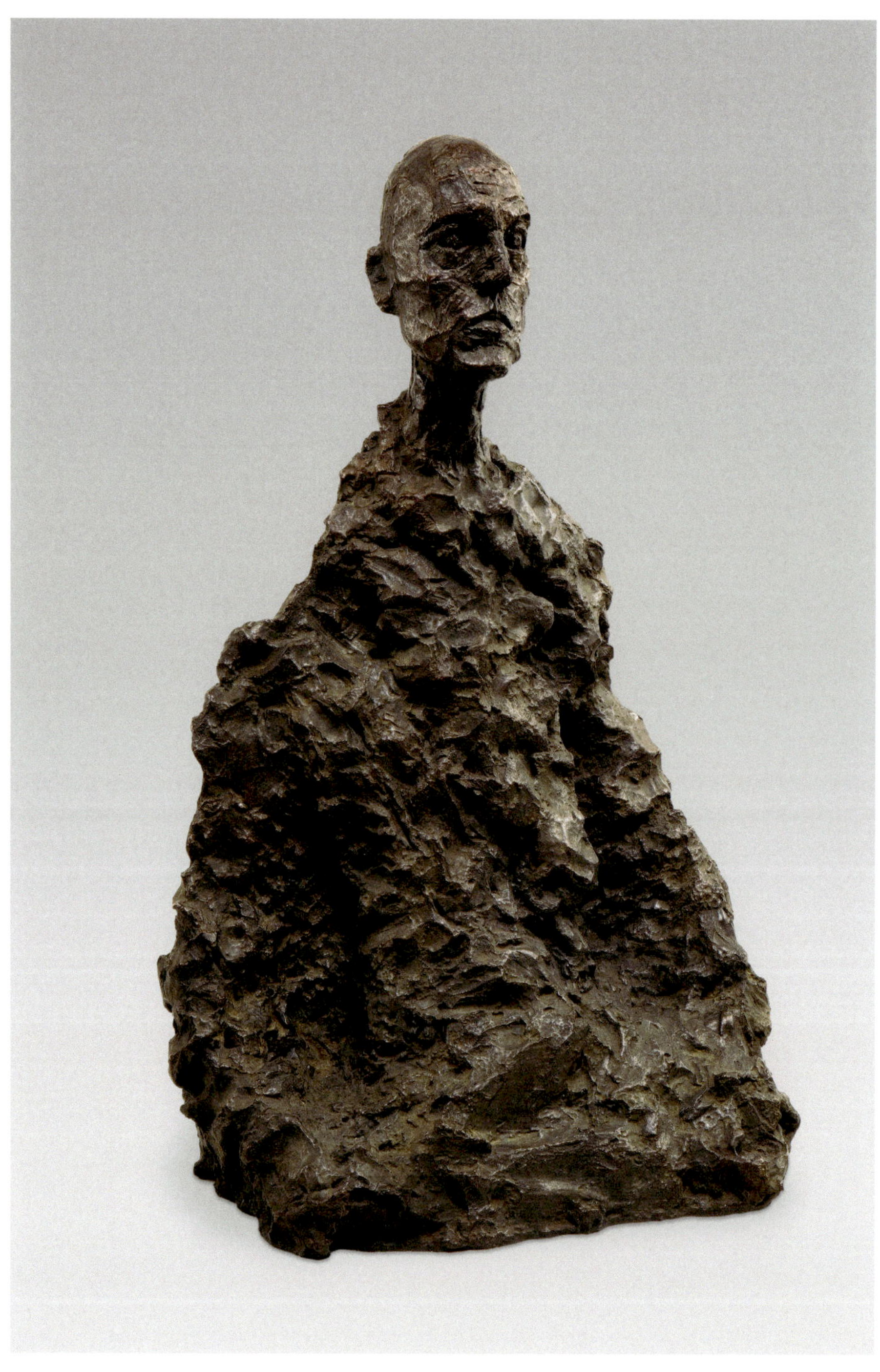

Buste d'homme (Lotar II), 1964-1965

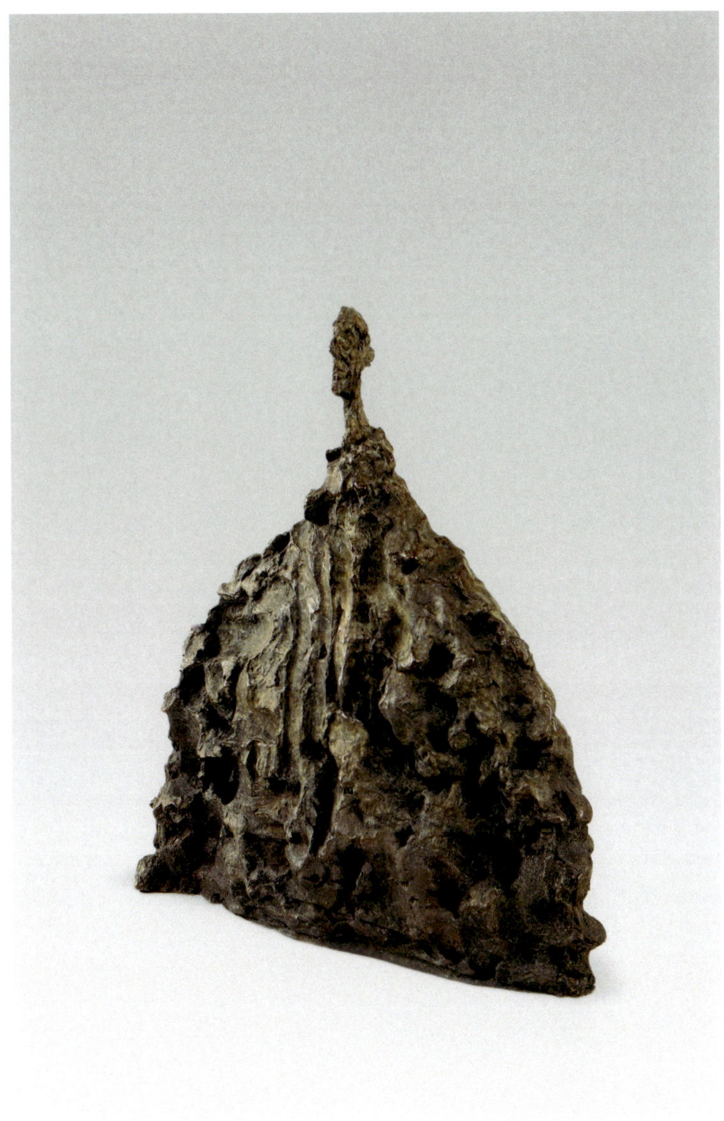

Buste d'homme, 1956

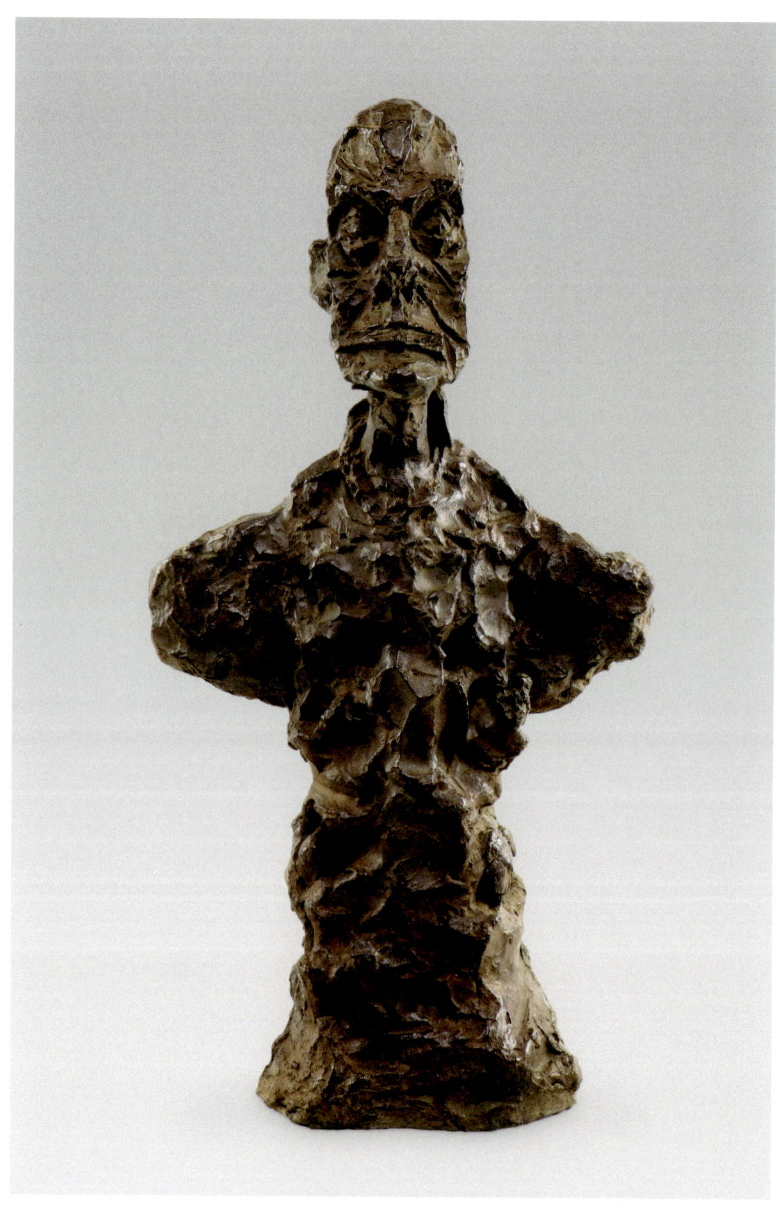

Buste d'homme (chamado / *known as* New York I), 1965

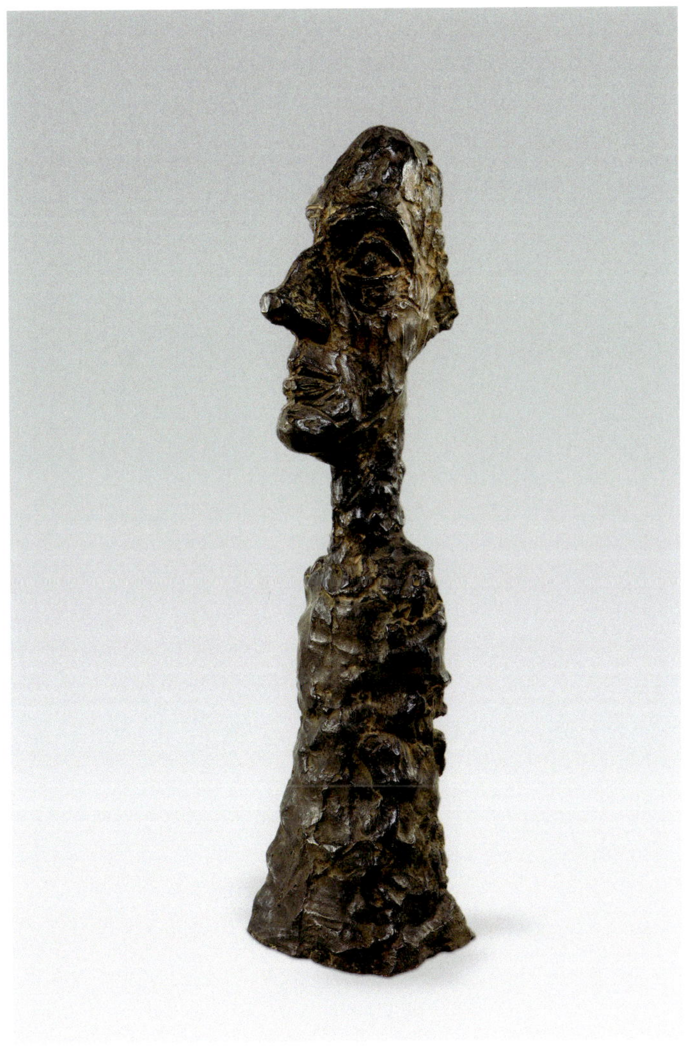

Tête au grand nez, 1958

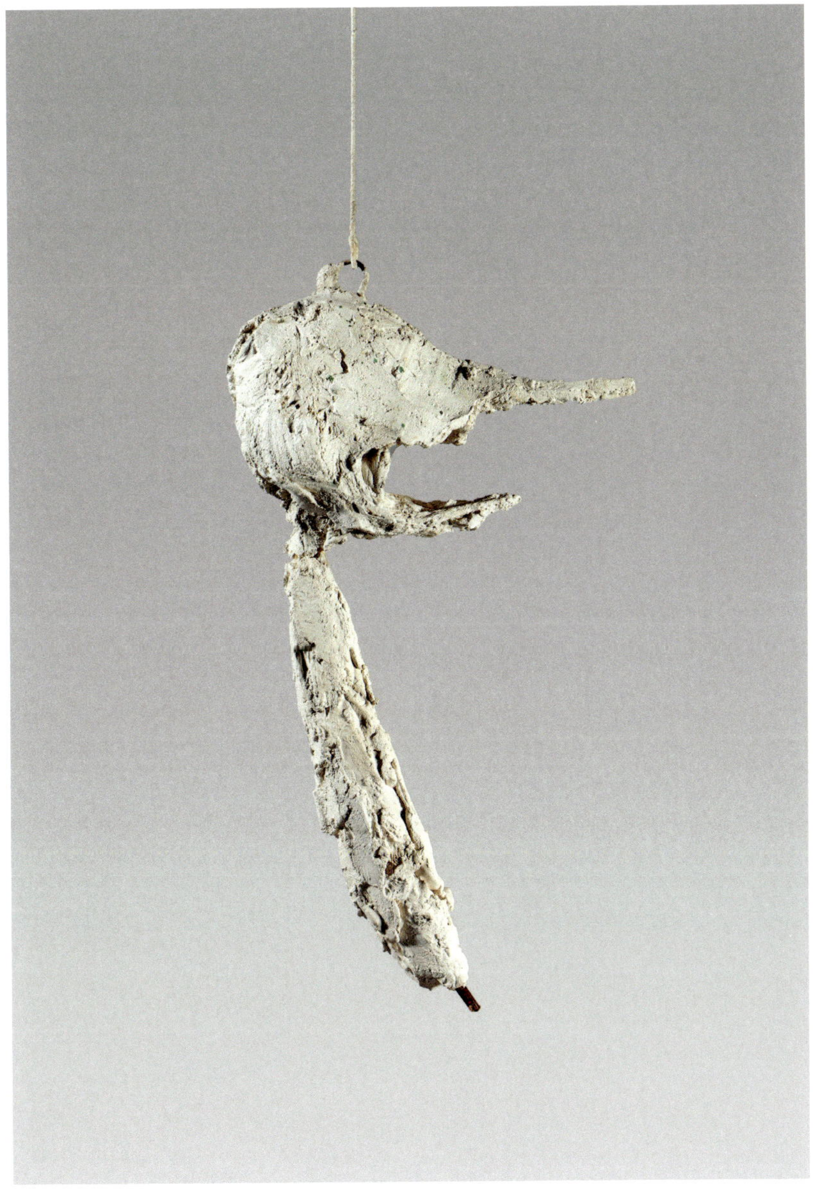

Le Nez, 1947-1950

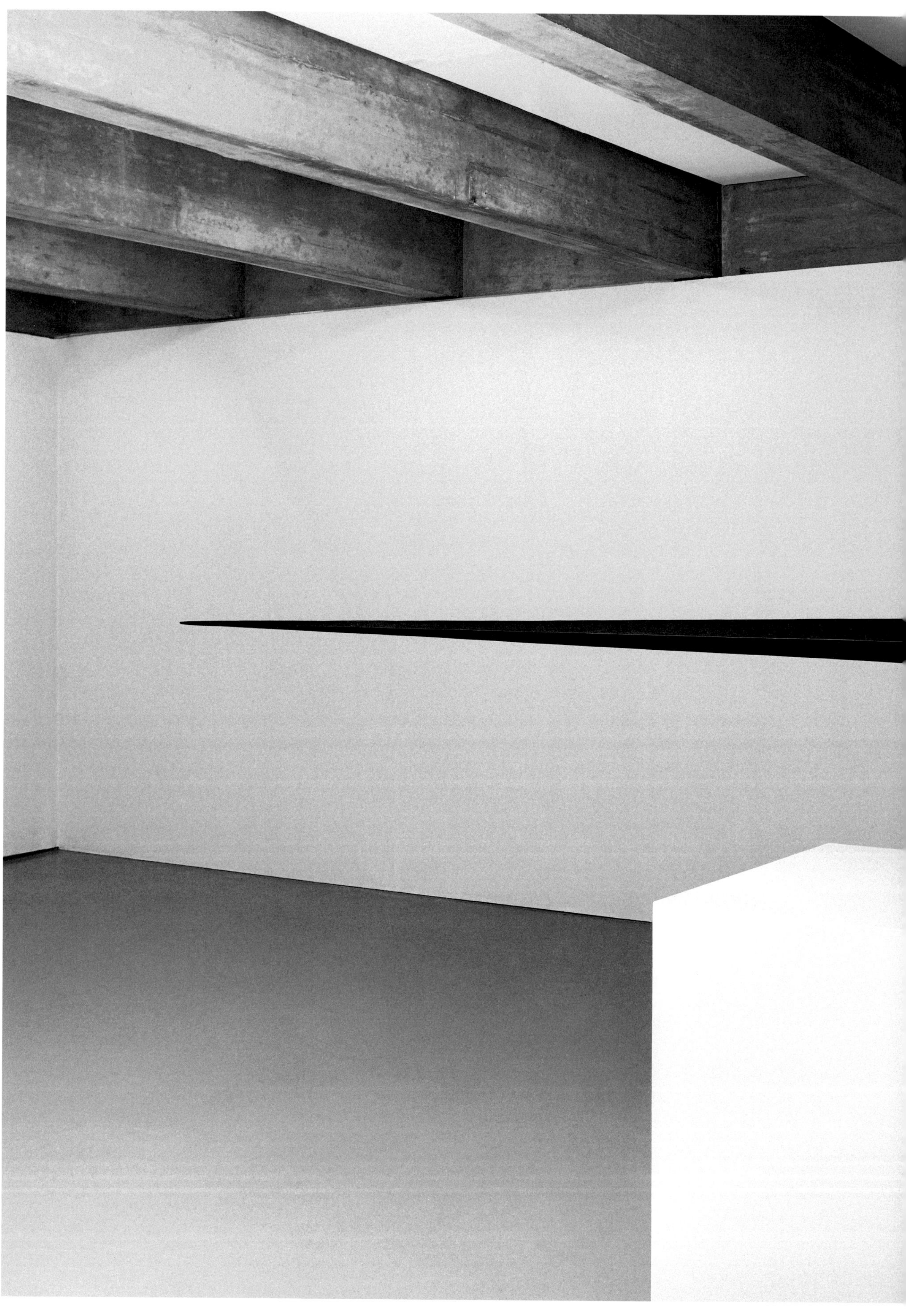

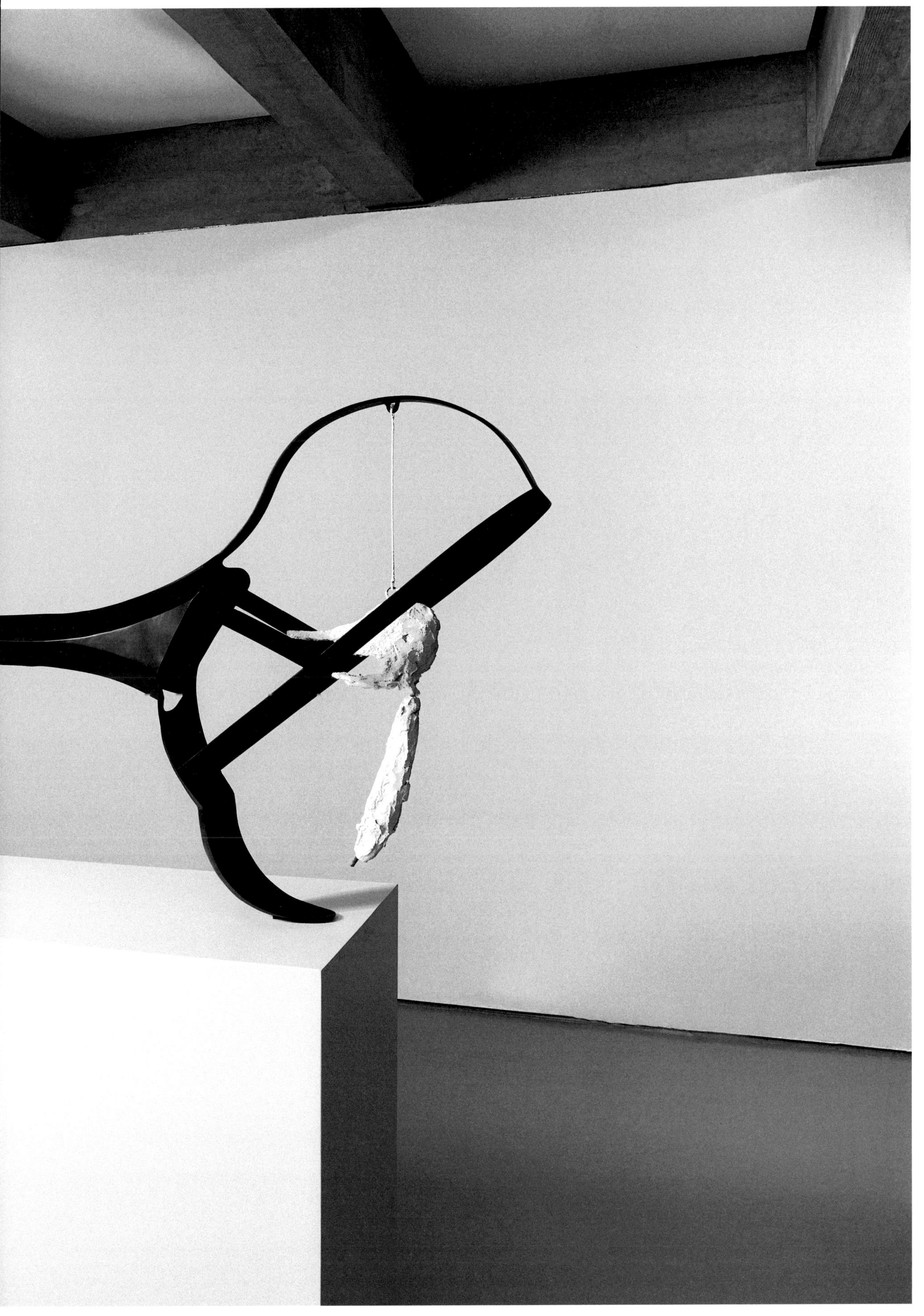

Rui Chafes, La Nuit, 2018, com escultura em gesso de / *with plaster sculpture by* Alberto Giacometti, Le Nez

Rui Chafes

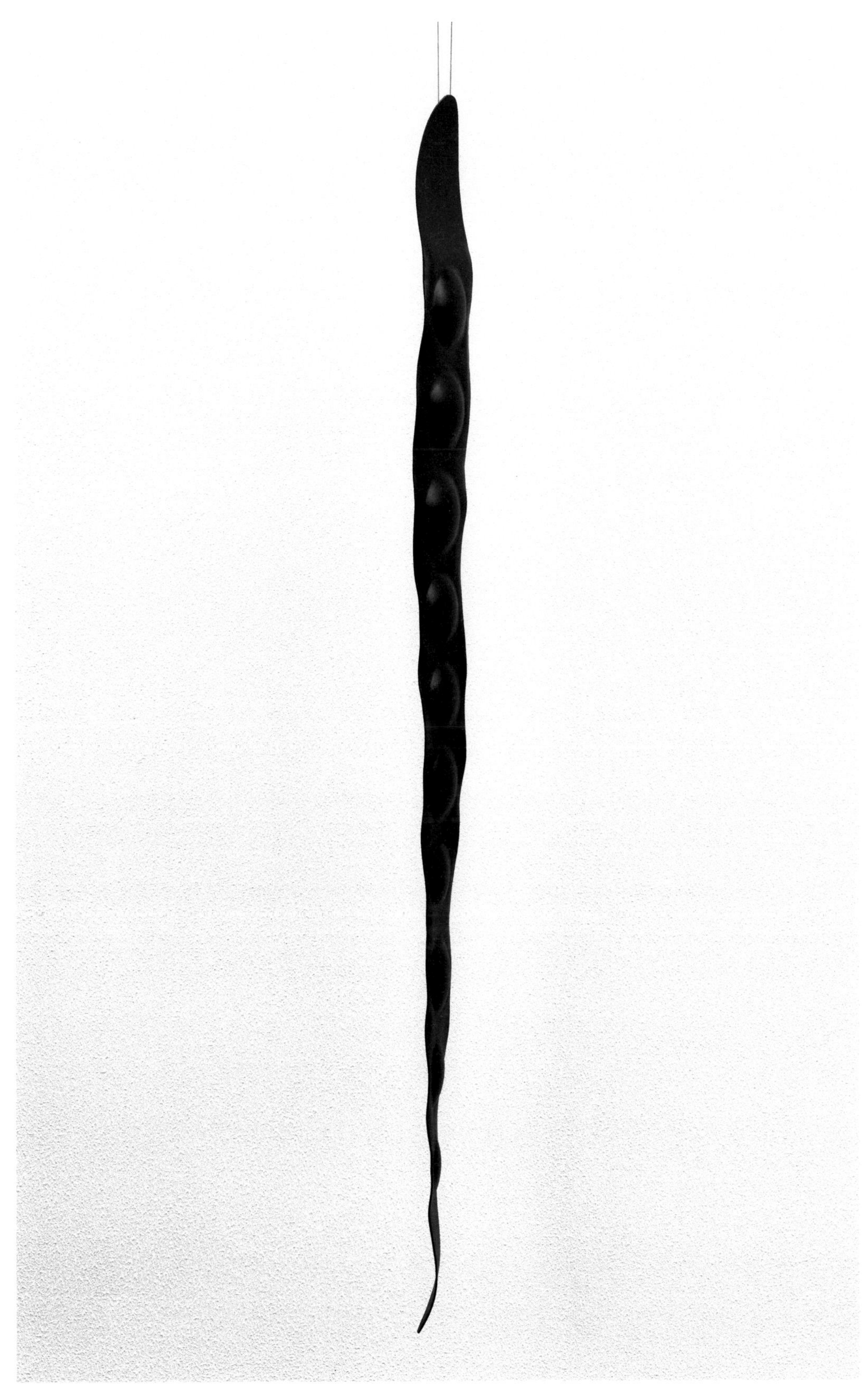

Tremor V, 2019

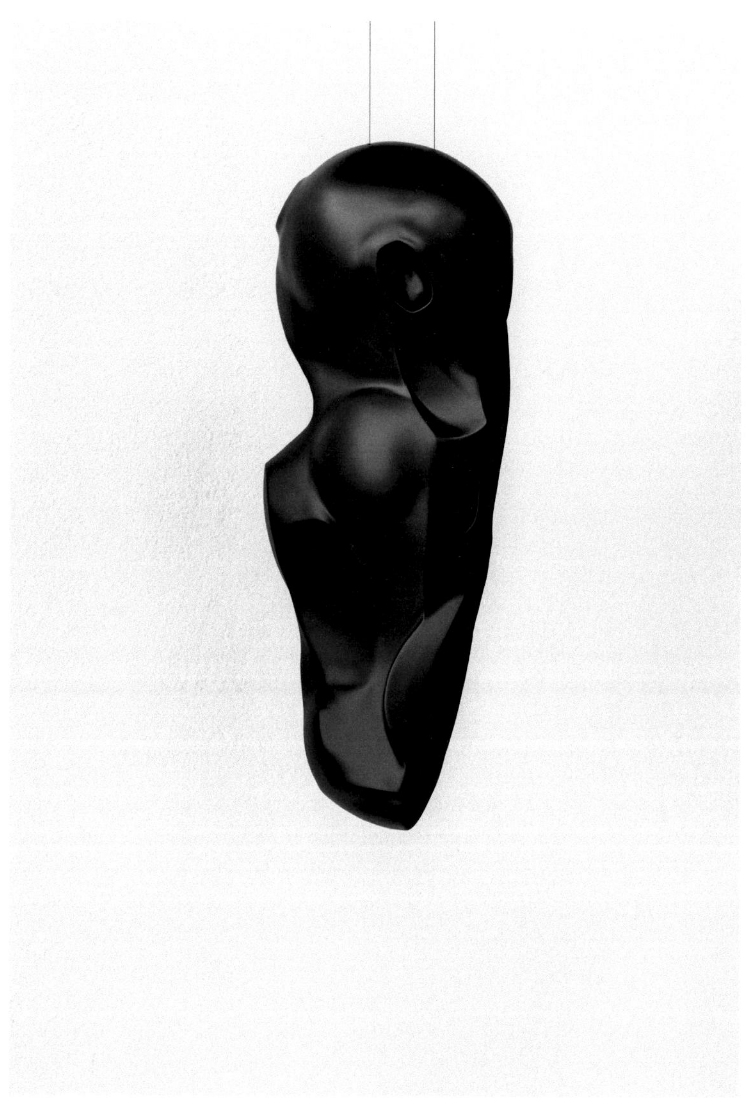

Un autre corps I, 2018

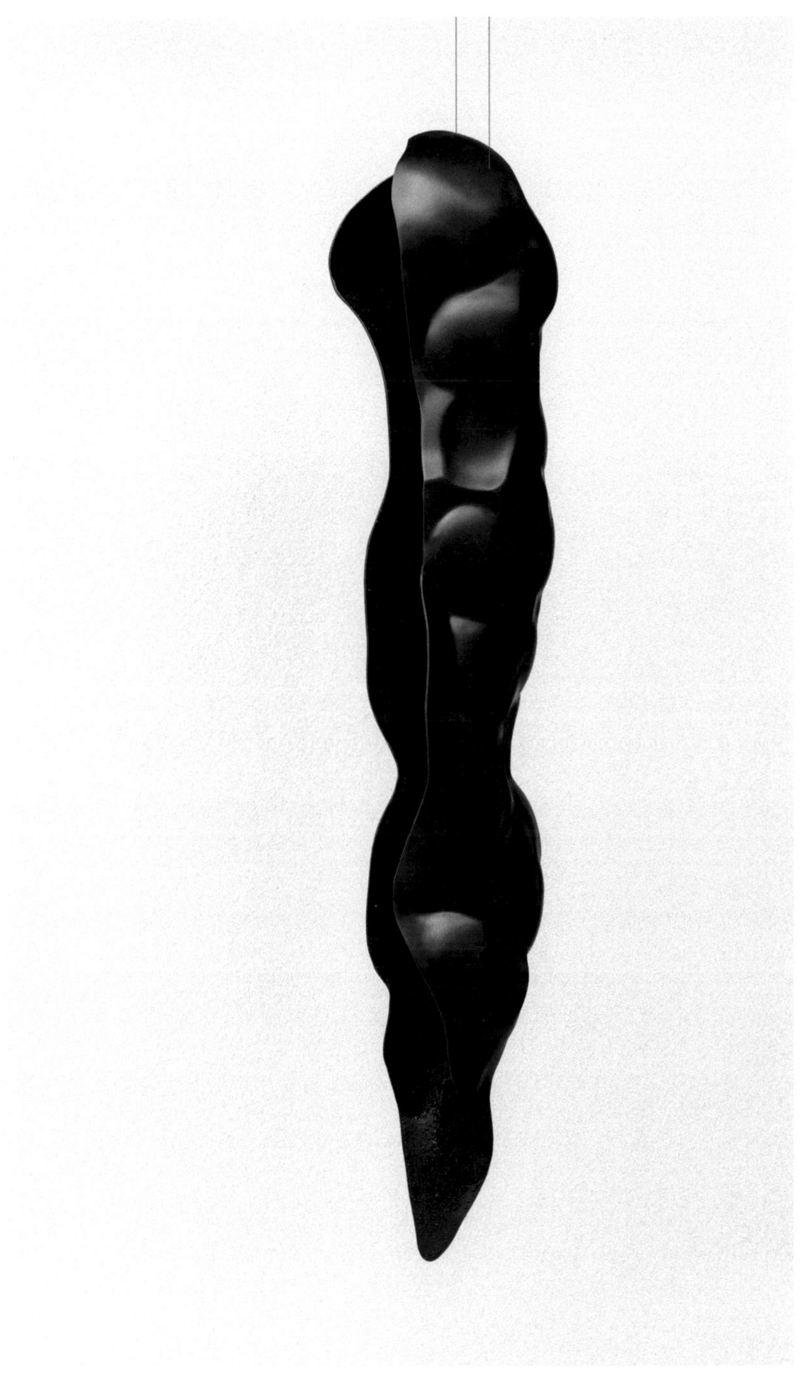

Avec rien, 2018

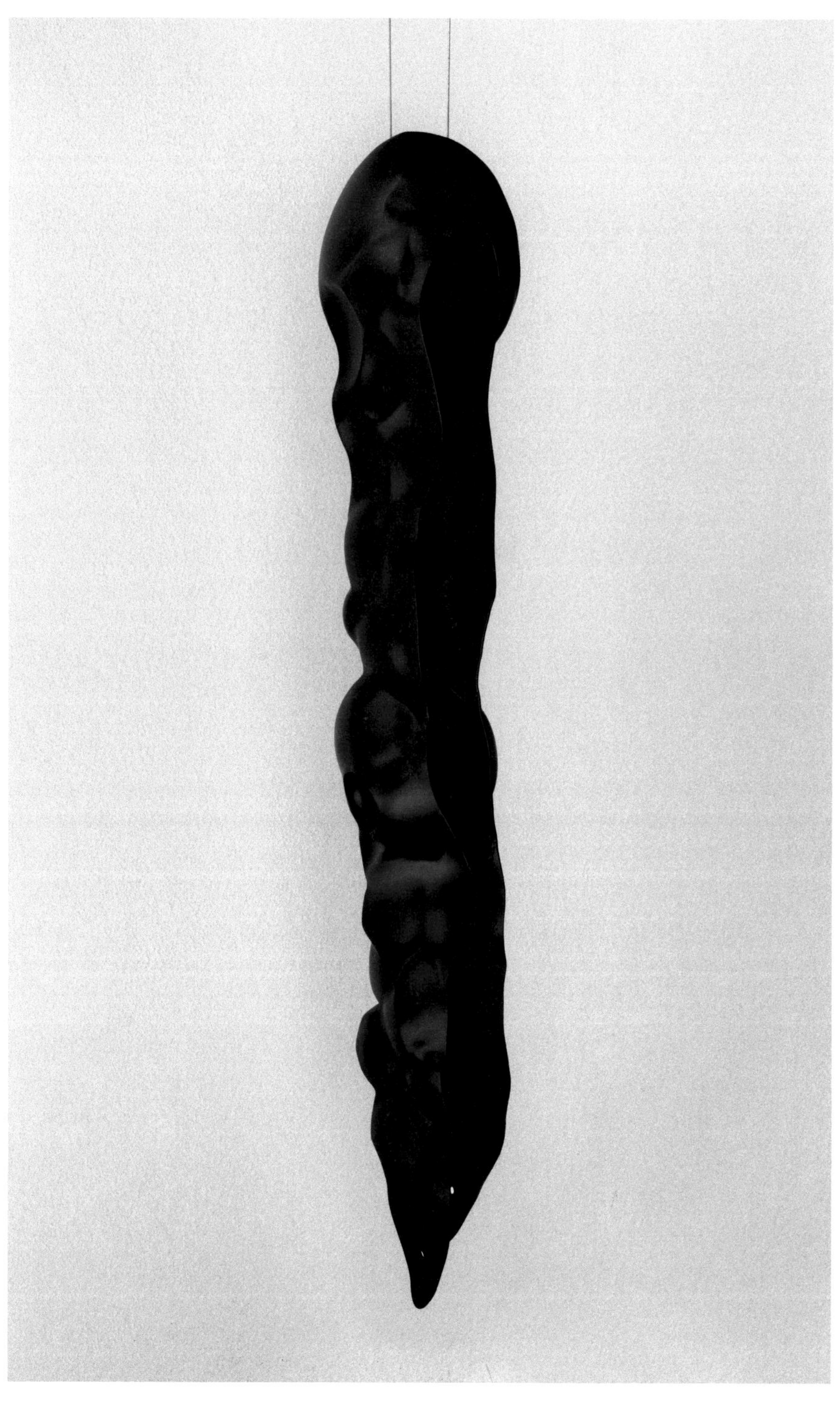

Nada existe, 2020

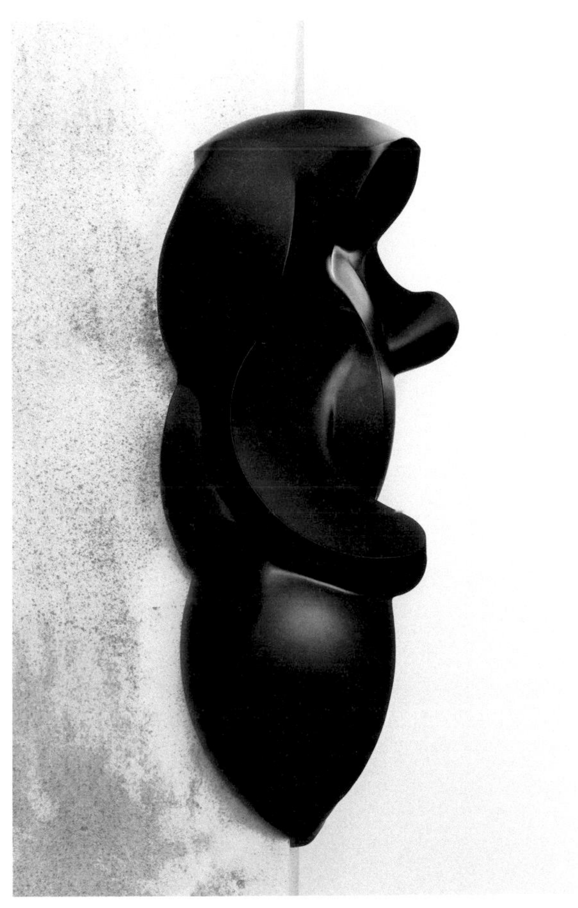

Tu nem sequer me vês, 2021

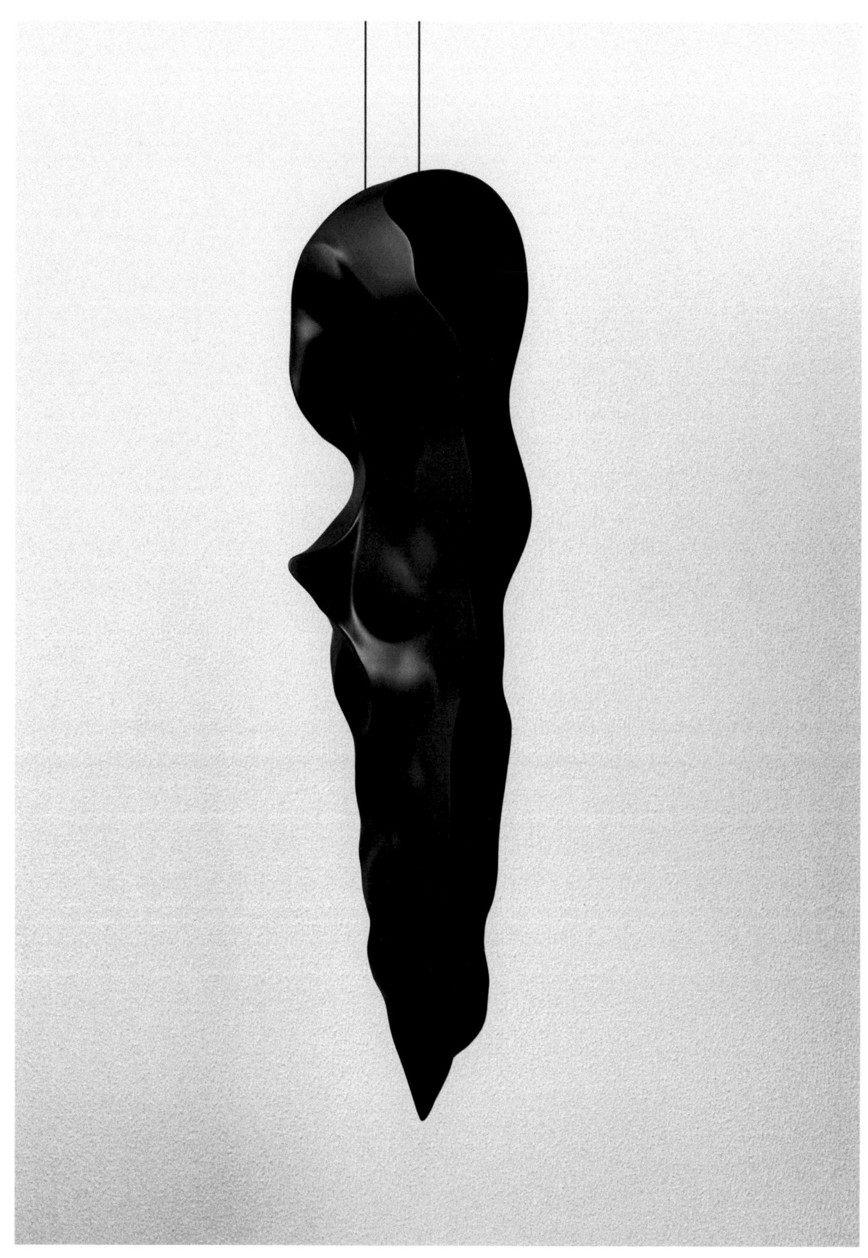

Nada existe IX, 2022

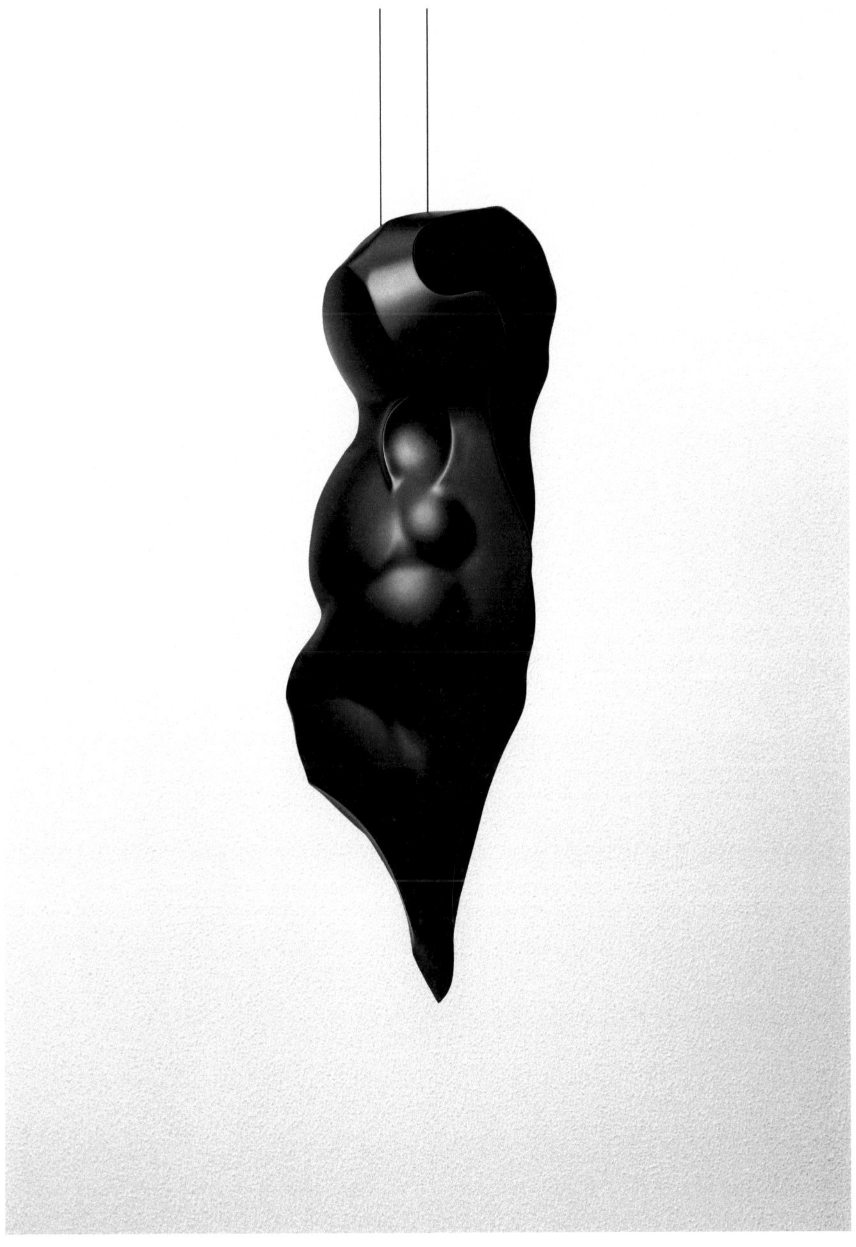

Nada existe VII, 2022

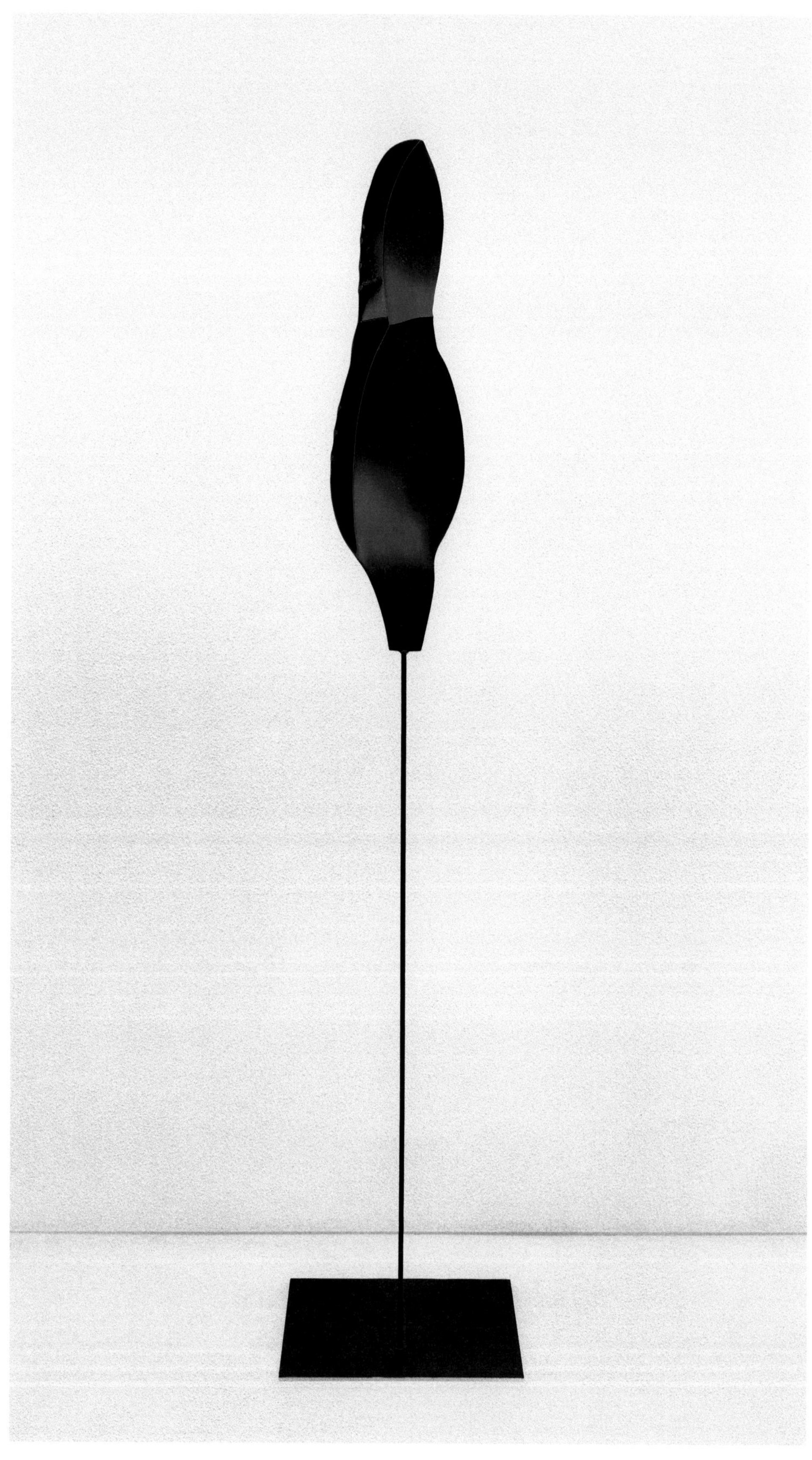

Aprendemos a esquecer II, 2021

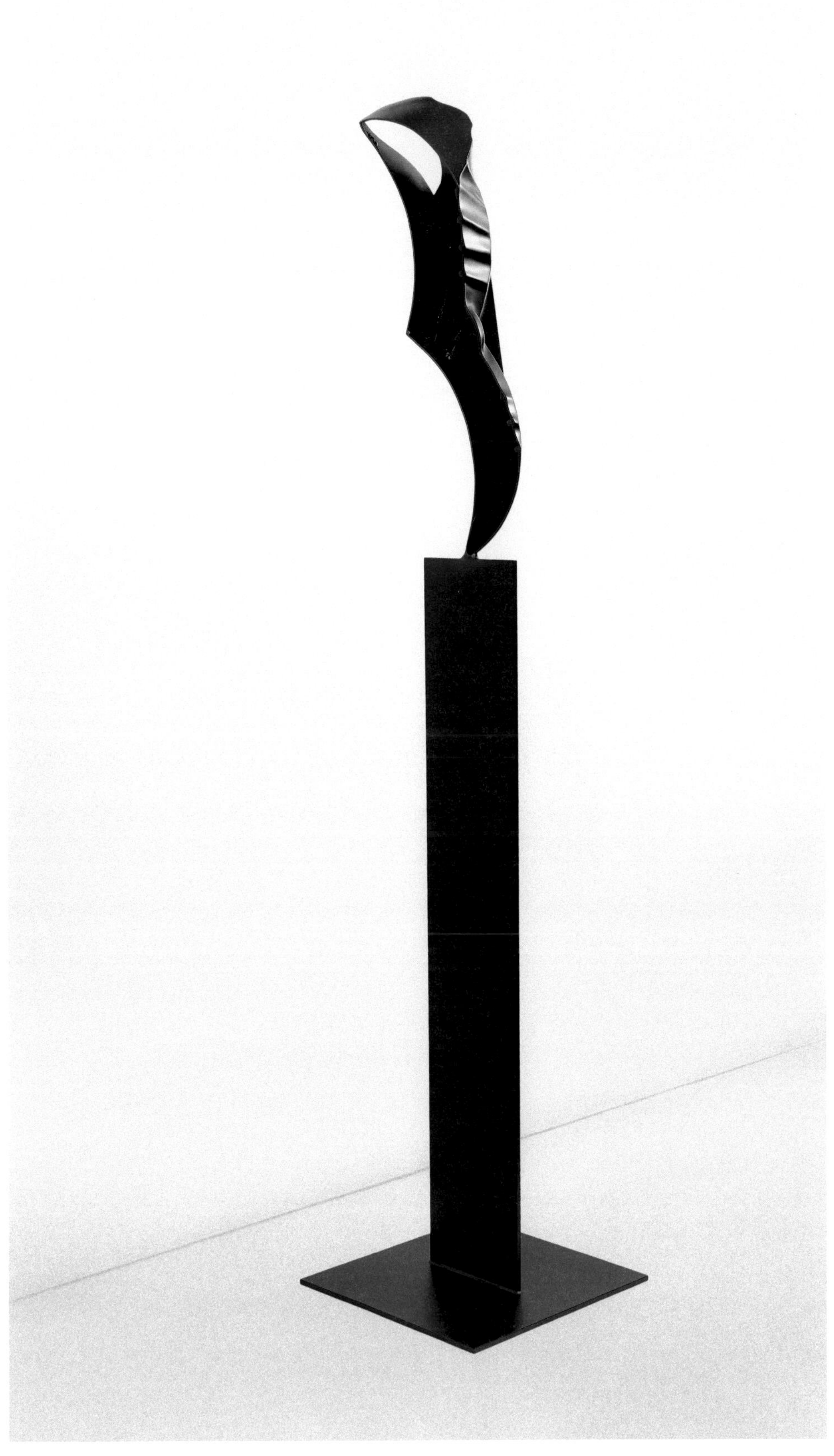

Aprendemos a esquecer I, 2021

Talvez

Perhaps

Rui Chafes

Em 1966, morria Alberto Giacometti e Bruce Nauman fazia a sua primeira exposição individual. Uma coincidência cronológica que sinaliza o fim e o princípio de duas carreiras separadas pelo tempo e pela geografia, mas unidas, curiosamente, pela presença de outro solitário: Samuel Beckett. Em *Le dépeupleur* (1968-1970), Beckett descreve o interior de um enorme cilindro com chão e parede de borracha dura. Todo o espaço é iluminado por uma fraca luz amarela. O cilindro é povoado por figuras indistintas e difíceis de caracterizar que se movimentam, incessantemente, executando rigorosas operações, percorrendo determinados percursos. Essa movimentação é, aliás, a causa dos únicos ruídos existentes no enorme silêncio envolvente. Figuras que erram sem destino, que vagueiam na penumbra, tal é o material dos cenários exauridos da escultura de Giacometti ou dos teatros cruéis de Bruce Nauman, onde as personagens repetem meticulosos movimentos, obedecendo a rigorosas e absurdas ordens superiores, vindas não se sabe bem de onde. O medo do vazio e a necessidade de dialogar no vazio: uma árvore despida, iluminada por uma pálida lua, foi o cenário criado por Beckett e Giacometti para o *Godot* de 1961, em Paris. A necessidade, comum a ambos, de criar um «duplo da realidade».

O caminho da negação, da redução, da austeridade e ascetismo, da discrição, tomado por Giacometti, conduziu-o à criação de um espaço calcinado. O espaço é a matéria da sua escultura: mais do que invólucros vazios, as suas figuras são espaços ou impossibilidades de ocupar o espaço. Aqui apresenta-se um testemunho do homem desprovido de qualidades individuais, o homem tornado local, lugar, espaço. O homem destruído, esburacado, dissecado, exaurido.

A secura, a rarefação radical dos propósitos figurativos e a redução da figura à sua própria tortura abriram o caminho para a escultura moderna: a escultura

Este texto de Rui Chafes foi escrito em 1998 e publicado sob o título «Talvez», em Rui Chafes, *O Silêncio de...* Lisboa: Assírio & Alvim, 2006.

In 1966, Alberto Giacometti died and Bruce Nauman held his first solo exhibition. A chronological coincidence marking the end and the beginning of two careers separated in time and geography but united, interestingly, by the presence of another solitary being: Samuel Beckett. In Le dépeupleur [The Lost Ones] *(1968–70), Beckett describes the inside of a huge cylinder with hard rubber walls and floor. The entire space is lit by a weak yellow light. The cylinder is inhabited by indistinct figures that are difficult to characterise, who move incessantly, carrying out precise actions, and travelling specific routes. This movement is the only source of sound in the vast silence that prevails. Figures roaming aimlessly, wandering through the half-light, also appear in the pared-down sets of Giacometti's sculpture or in Bruce Nauman's cruel theatres, where the characters repeat precise movements, obeying strict and absurd orders coming from no one knows where. Fear of the void and the need for dialogue in that void: a bare tree, lit by a pale moon, was the set created by Beckett and Giacometti for* Waiting for Godot *in 1961 in Paris. Their shared need to create a 'double of reality'.*

Giacometti followed a path of negation, of reduction, of austerity and asceticism, of discretion, that led him to create a scorched space. Space is the matter of his sculpture: more than empty wrappers, his figures are spaces or impossibilities of occupying space. Here, he presents evidence of the Human stripped bare of individual qualities, the Human made into a locality, a place, a space. The Human destroyed, pierced, dissected, drained.

The dryness, the radical rarefaction of figurative intentions, and the reduction of the figure to its own torture paved the way for modern sculpture: the sculpture of the conscience. Indeed, Giacometti's greatness lies in his extreme and radical conscience, which constantly led him to try and to fail and to always consider art as an attempt devoted to failure. The voiceless language of impossibility: 'Try again. Fail again. Fail better.'[1] (...) The expression that there is nothing to express, (...) no power to express, no desire

This texto by Rui Chafes was written in 1998 and published under the title 'Talvez', in Rui Chafes,* O Silêncio de... *(Lisbon: Assírio & Alvim, 2006).

1 — Samuel Beckett, Worstward Ho. *London: John Calder, 1983.*

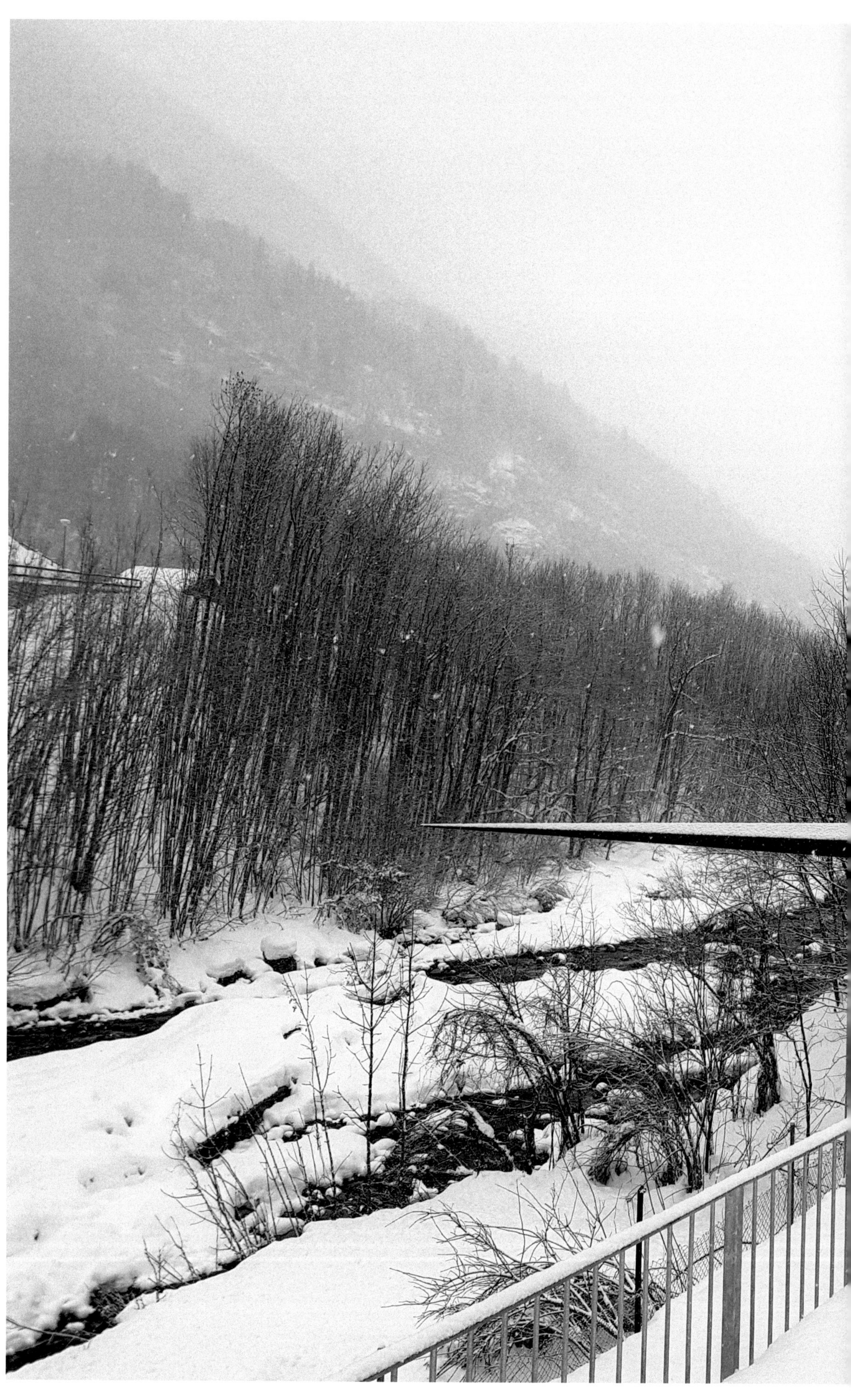

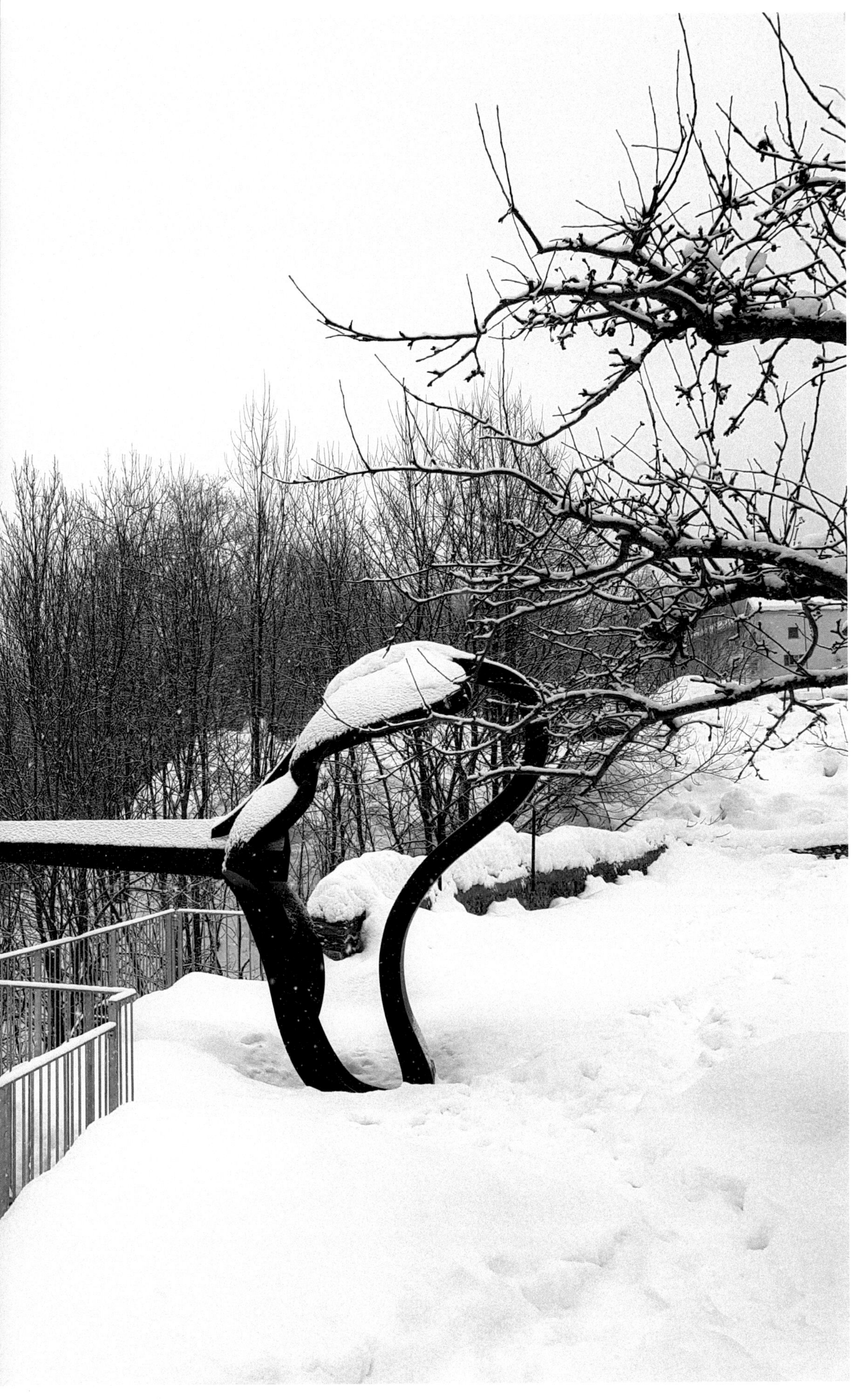

Occhi che non dormono, 2020

da consciência. Aliás, a enorme grandeza de Giacometti está na sua extrema e radical consciência, que o levou sempre a tentar a e falhar e a considerar sempre a arte como uma tentativa votada ao fracasso. A linguagem surda da impossibilidade: «Falhar e recomeçar, para falhar melhor[1] (...), a expressão de que não há nada para expressar, nenhum poder, nenhum desejo, juntamente com a obrigação de expressar»[2]. Ao escritor e ao escultor era comum a convicção de que «aconteça o que acontecer, é necessário trabalhar sempre, tentar sempre, falhar sempre». O trabalho de ambos, a sua redução radical do medo do homem a um mundo de sombras corroídas, assustadoramente definitivo, é uma forma de humanismo desesperado e é das obras mais importantes deste século: não pela redução formal, mas pela instauração do espaço negativo como forma. O artista oferece o testemunho daquilo que lhe é possível. Só isso. Em alguns casos, já é muitíssimo. Quanto a Giacometti, é comovente (na sua dimensão trágica) a opção pelo quase-nada, pela rarefação da presença, pelo eterno falhar e recomeçar. Sobretudo verificando a capacidade que a sua obra tem para continuar o (sombrio) mito da escultura, a tradição do escultor. A capacidade de fazer isso apresentando apenas o que está *entre*: o que vive nas esquinas, nas dobras.

Juntamente com Joseph Beuys, Giacometti é talvez o grande escultor europeu do pós-guerra. Os dois são, à distância que o tempo nos permite, os que conseguem instaurar uma linguagem de resistência válida e sólida, capaz de ser confrontada com a vitalidade, a radicalidade, a inovação e a capacidade de afirmação (e de teorização das próprias práticas artísticas) da escultura americana. Desde David Smith, passando pela *land-art*, o minimalismo e o pós-minimalismo, que os escultores americanos renovaram radicalmente a

1 — Samuel Beckett, *Cap au pire*, traduzido por Édith Fournier. Paris: Les Éditions de Minuit, 1991.

2 — Diálogo a propósito de Pierre Tal-Coat, in Samuel Beckett, *Trois dialogues*, traduzido pelo autor e por Édith Fournier. Paris: Les Éditions de Minuit, 1998.

to express, together with the obligation to express'.[2] Both writer and sculptor shared the conviction that 'no matter what, you must always work, always try, always fail.' The works of both, with their radical reduction of Human fear into a frighteningly definitive world of corroded shadows, are forms of desperate humanism and among the most important works of this century—not for their formal reductions but for establishing the negative space as a form. The artist gives us a testimony of what is possible to him. Just that. In some cases, that itself is a great deal. With Giacometti, we are moved by his choice (in its tragic dimension) of the almost-nothing, of the rarefaction of the presence, of eternally failing and starting again. In particular, we see the work's capacity to perpetuate the (shadowy) myth of sculpture, the sculptor's tradition. The ability to do this by showing only what is in between*: that which lives in the corners, in the folds.*

Along with Joseph Beuys, Giacometti is arguably the greatest sculptor of post-war Europe. Viewed through the lens of time, the two artists managed to establish a valid and solid language of resistance that could face up to the vitality, radicality, innovation, and capacity for affirmation (and for theorisation of the artistic practices themselves) of American sculpture. Starting with David Smith, and through land art, minimalism, and post-minimalism, American sculptors radically overhauled the history of sculpture. In Europe, however, post-war sculpture experienced a period of weakness and alarming impotence, probably the consequence of moral and physical disintegration due to the corrosion of a continent in ruins. Only some European artists were able to leave the rubble behind, feeding from that traumatic memory, and create the body of a Work. It is interesting to note that, unlike Beuys, for example, the memory in Giacometti's work is a non-historical memory. It is relevant, at this point, to recall Jean Genet's incisive words: 'Never, ever, is the artwork aimed at the new generations. It is an offering to the innumerable people of the dead. And they either welcome it or reject it (...). Although

2 — Dialogue relating to Pierre Tal Coat, in Samuel Beckett, Three Dialogues. *London: John Calder, 1965.*

história da escultura. Contudo, na Europa a escultura do pós-guerra atravessava um período de grande debilidade e ameaçadora impotência, consequência provável de desagregação moral e física pela corrosão de um continente em ruínas. Só alguns artistas europeus foram capazes de, alimentando-se dessa memória traumática, sair dos escombros e criar o corpo de uma Obra. É curioso verificar que, ao contrário de, por exemplo, Beuys, a memória no trabalho de Giacometti é uma memória não-histórica. Faz sentido recordar as incisivas palavras de Jean Genet: «Nunca, nunca, a obra de arte se destina às novas gerações. Ela é oferenda ao inúmero povo dos mortos. Que a acolhem ou rejeitam (...). Embora presentes, onde pertencem essas figuras de Giacometti, senão à morte? De onde voltam, ao mínimo apelo dos nossos olhos, direito a nós. (...). A obra de Giacometti transmite ao povo dos mortos o conhecimento da solidão de todos os seres e de todas as coisas; solidão, nossa mais certa glória! (...) Giacometti não trabalha para os contemporâneos nem para as gerações futuras: ele esculpe estátuas que arrebatam enfim os mortos». Uma arte muito dura «capaz de se infiltrar pelas paredes porosas do reino das sombras».

Sendo escultor e tendo nascido em 1966 (o ano de *Andrei Rublev*, de Andrej Tarkovsky e de *Au hasard Balthazar*[3], de Robert Bresson), vivo com a consciência de que é preciso continuar a transportar a chama, tal como queria Joseph Beuys que, no ano anterior, se tinha sentado, durante três horas, a ensinar a uma lebre morta como se olham as imagens.

3 — Em português, *Peregrinação Exemplar*.

present, where do these figures of Giacometti's belong, if not to death? And they return from death at the slightest summons from our eyes, straight back to us. (...) To the dead, Giacometti's work conveys the knowledge of the solitude of all beings and all things, and that solitude is our most certain glory! (...) Giacometti does not work for contemporary or future generations: he sculpts statues that finally rapture the dead.' A very hard art 'able to filter through the porous walls of the kingdom of shadows.'

As a sculptor born in 1966 (the year of Andrei Rublev *by Andrej Tarkovsky and* Au hasard Balthazar *by Robert Bresson), I live with the awareness that it is necessary to continue to carry the flame, as was the desire of Joseph Beuys, who, the previous year, had sat for three hours explaining to a dead hare how to look at pictures.*

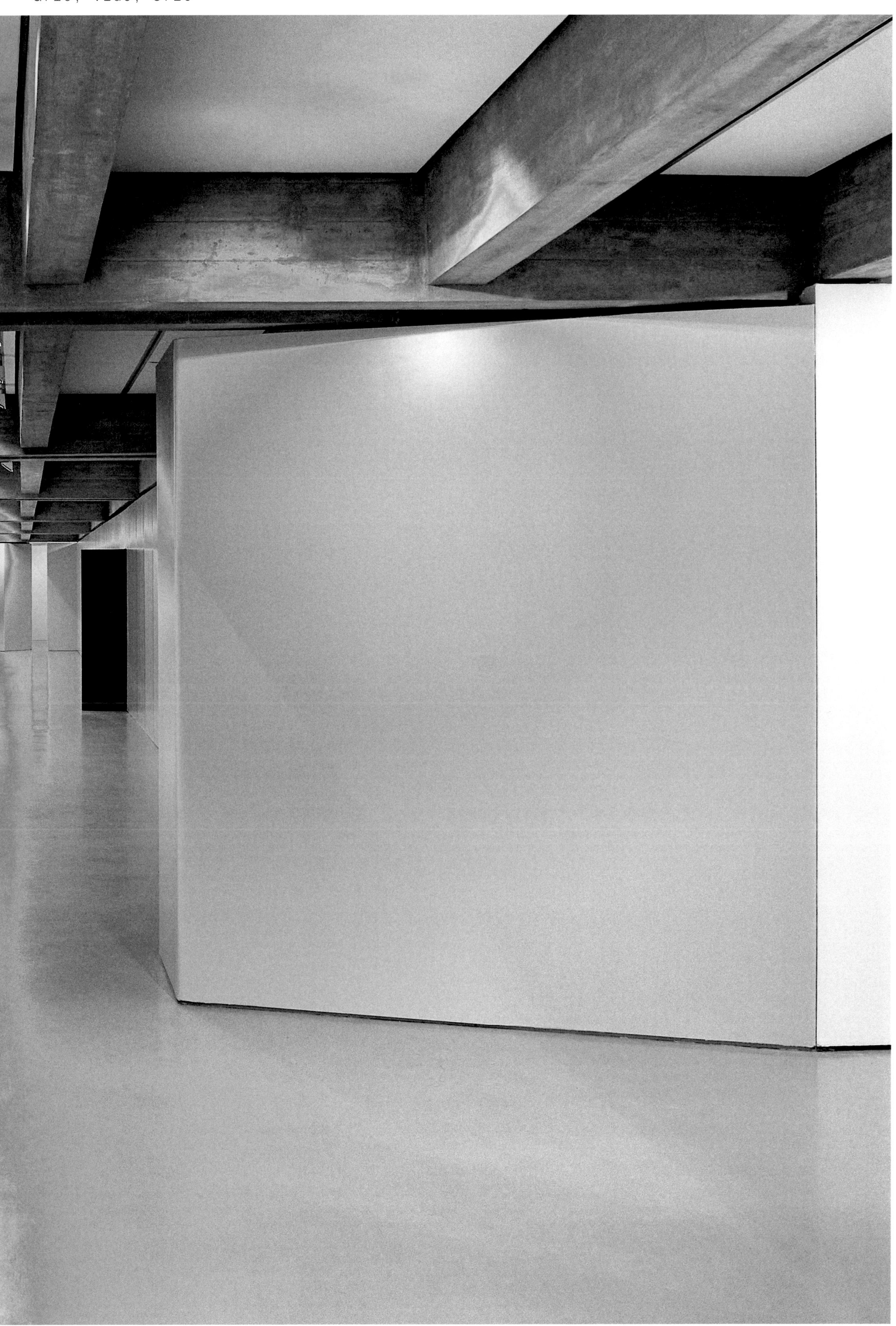

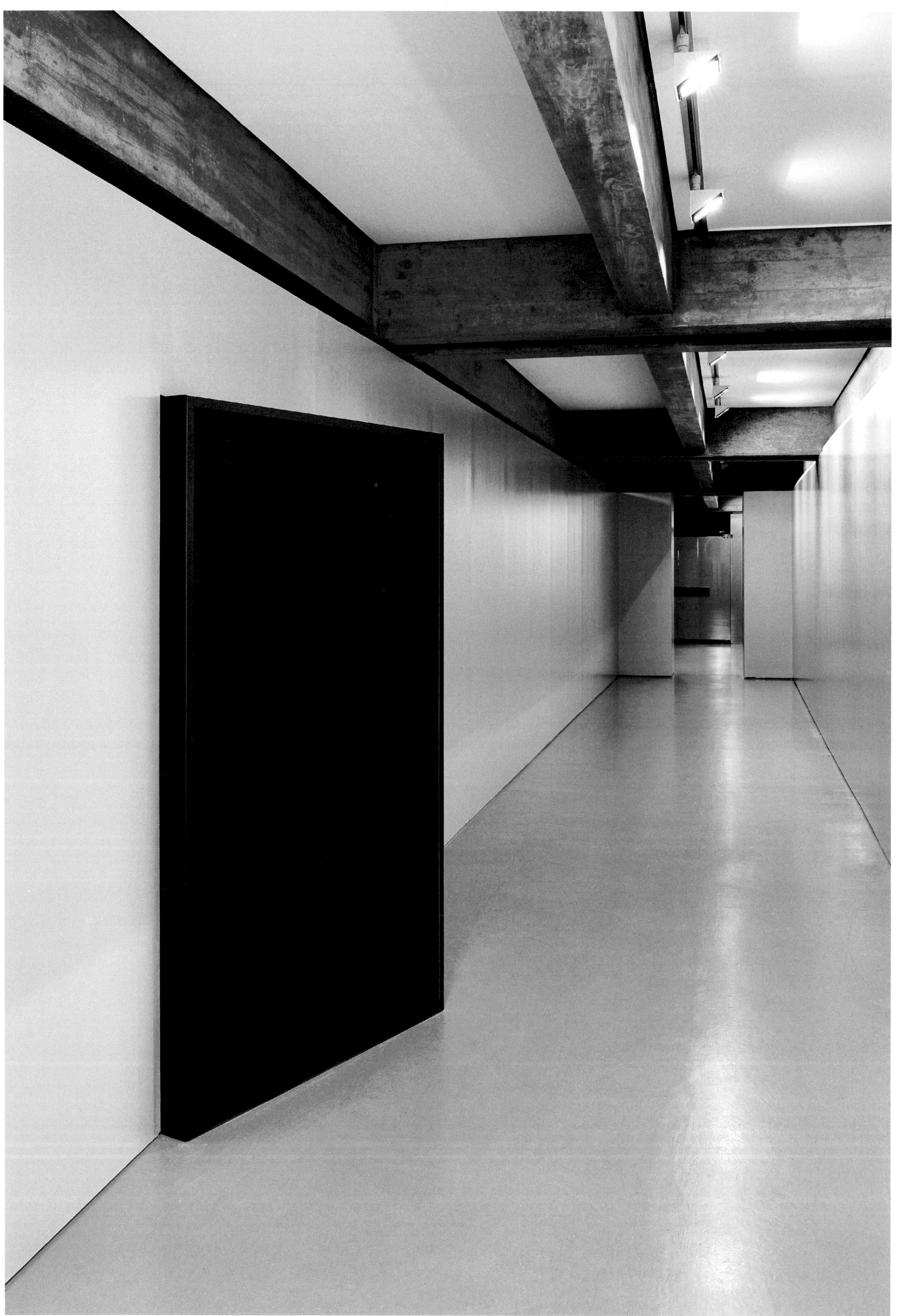

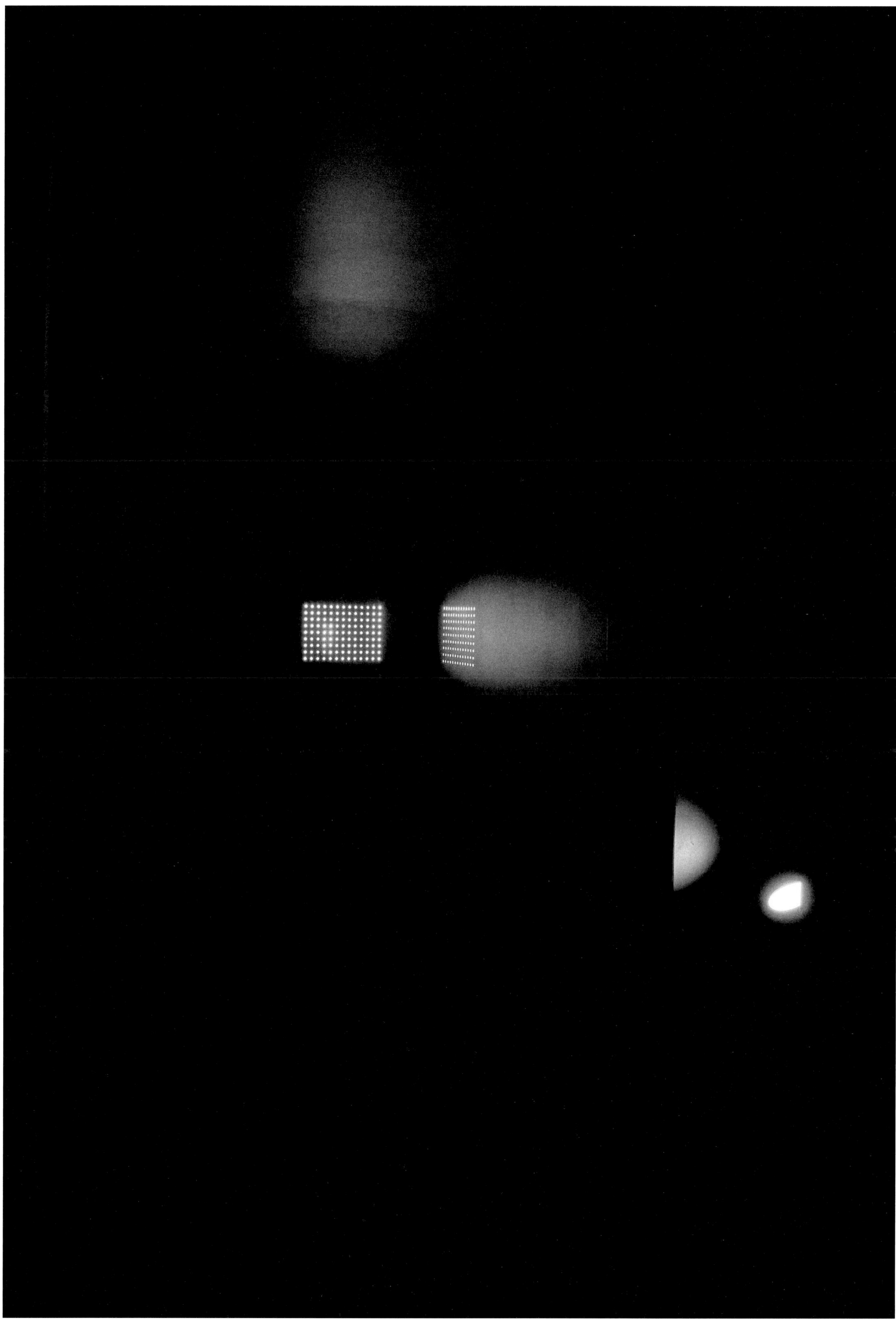

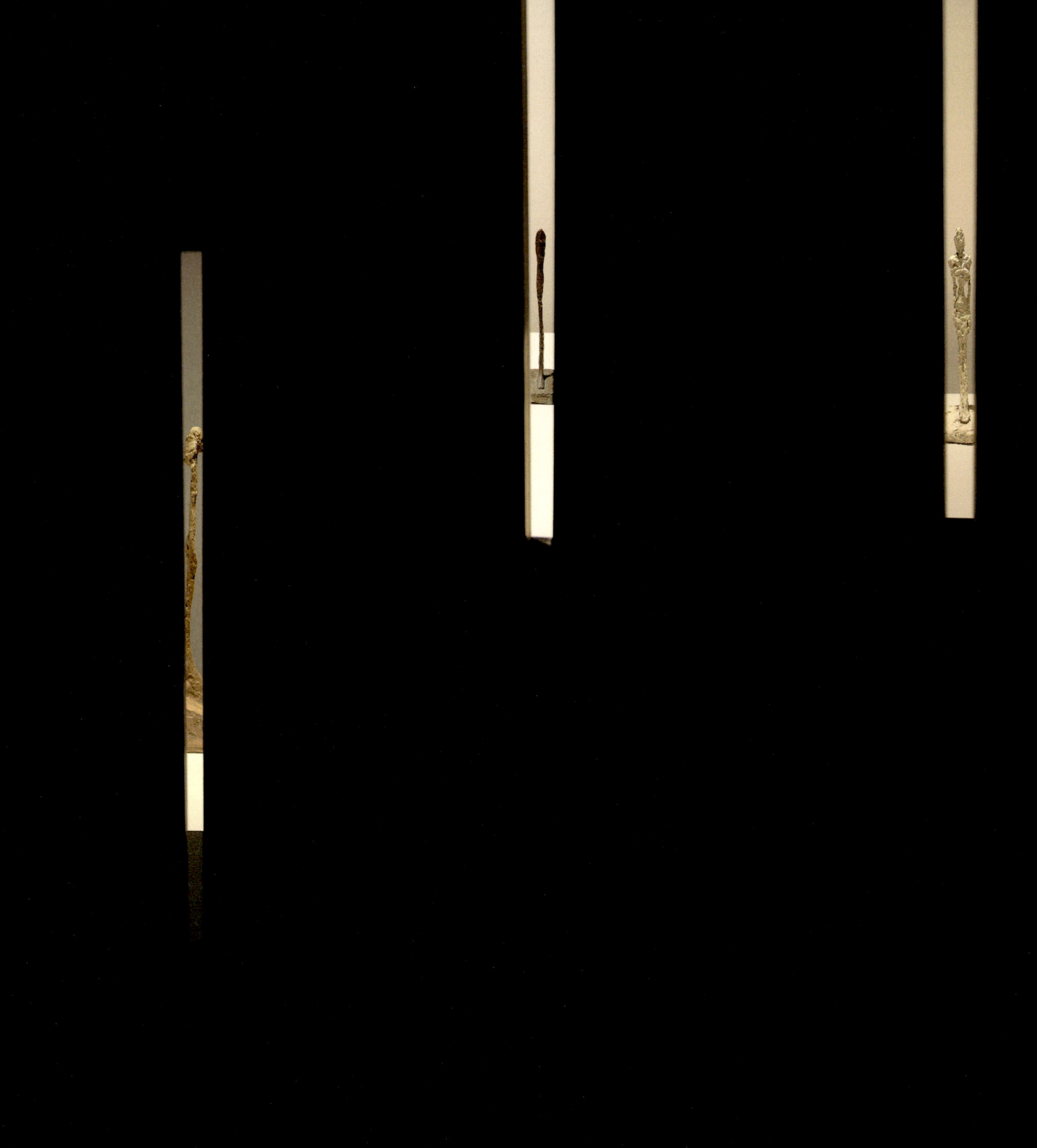

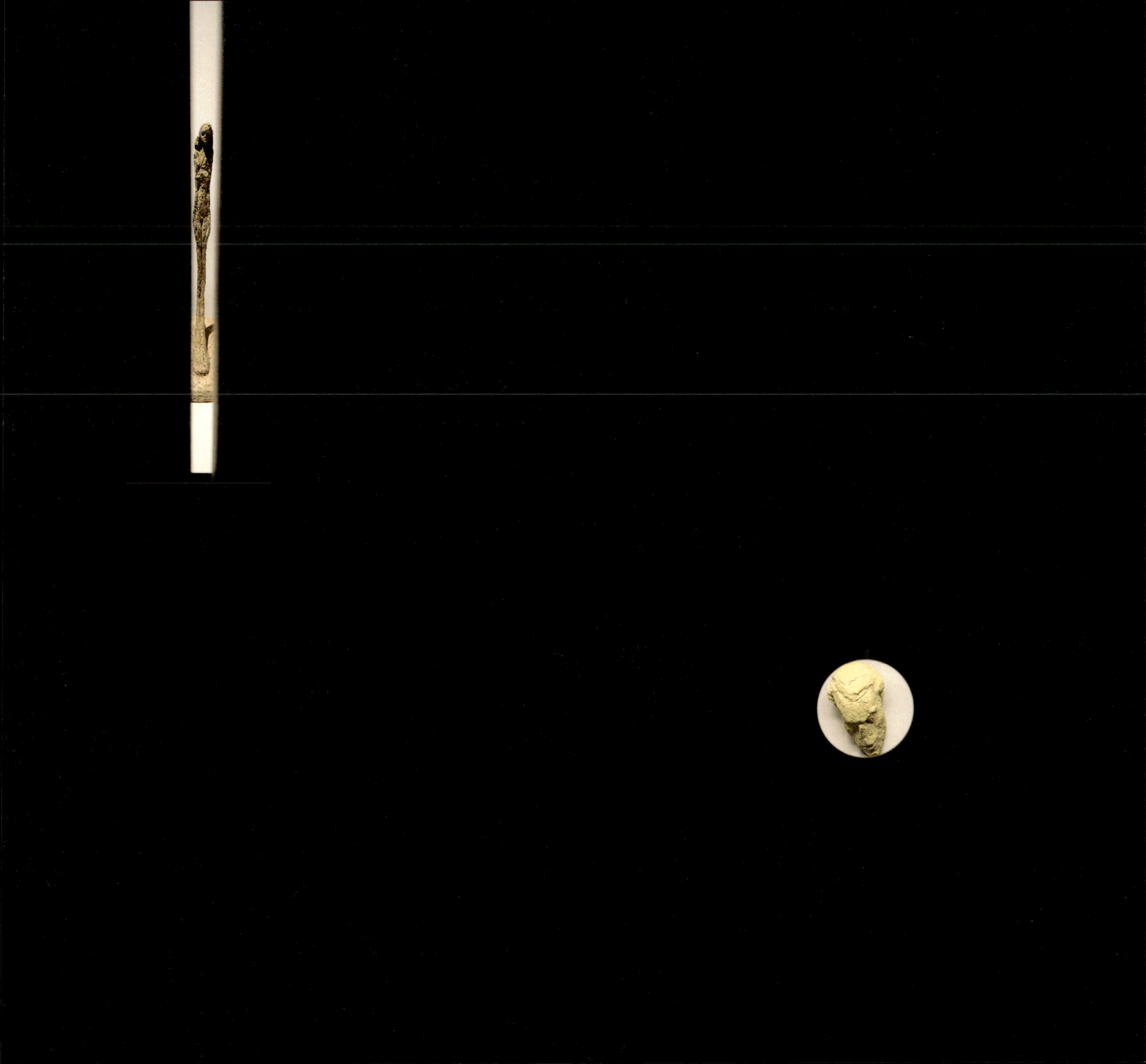

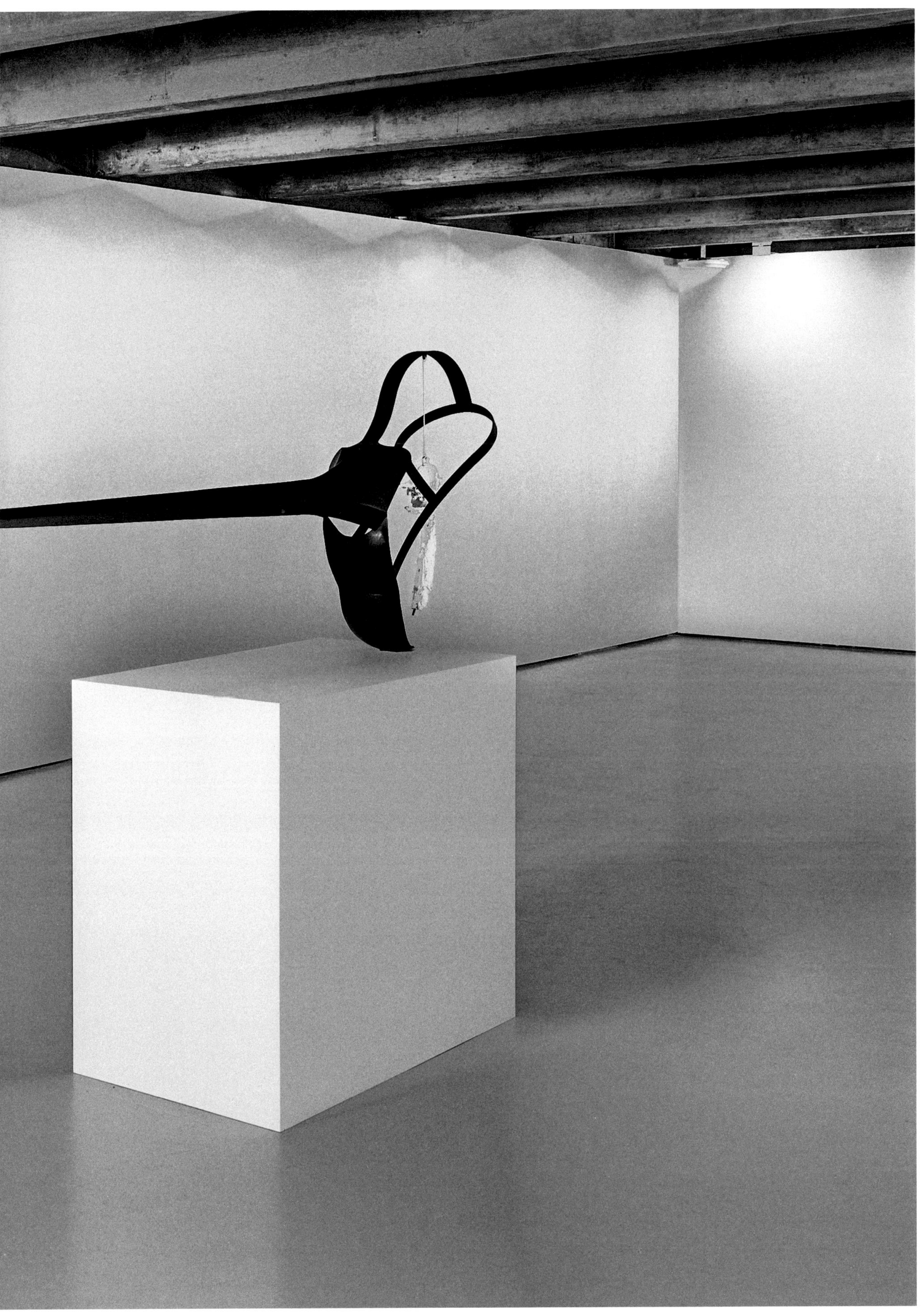

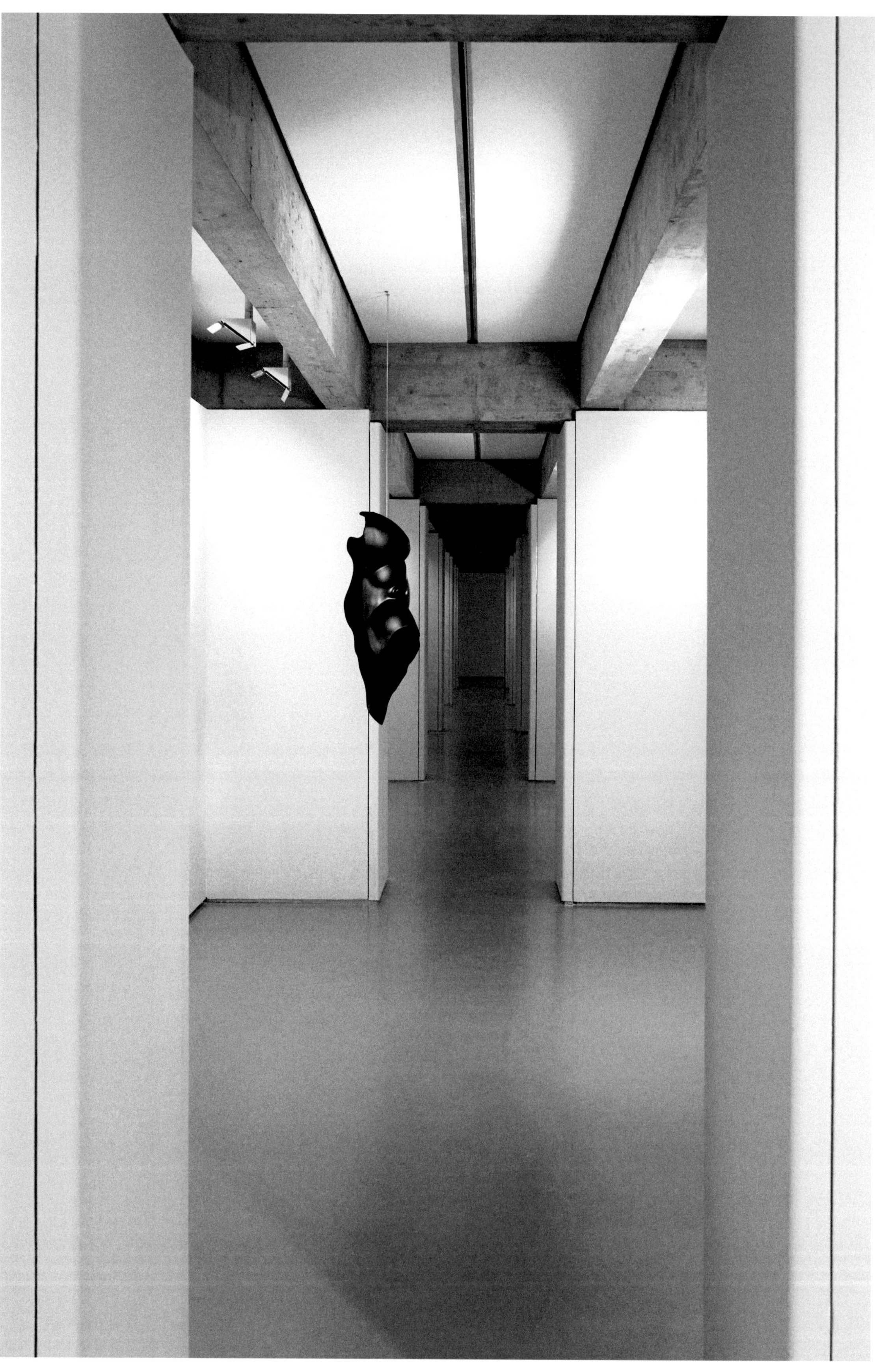

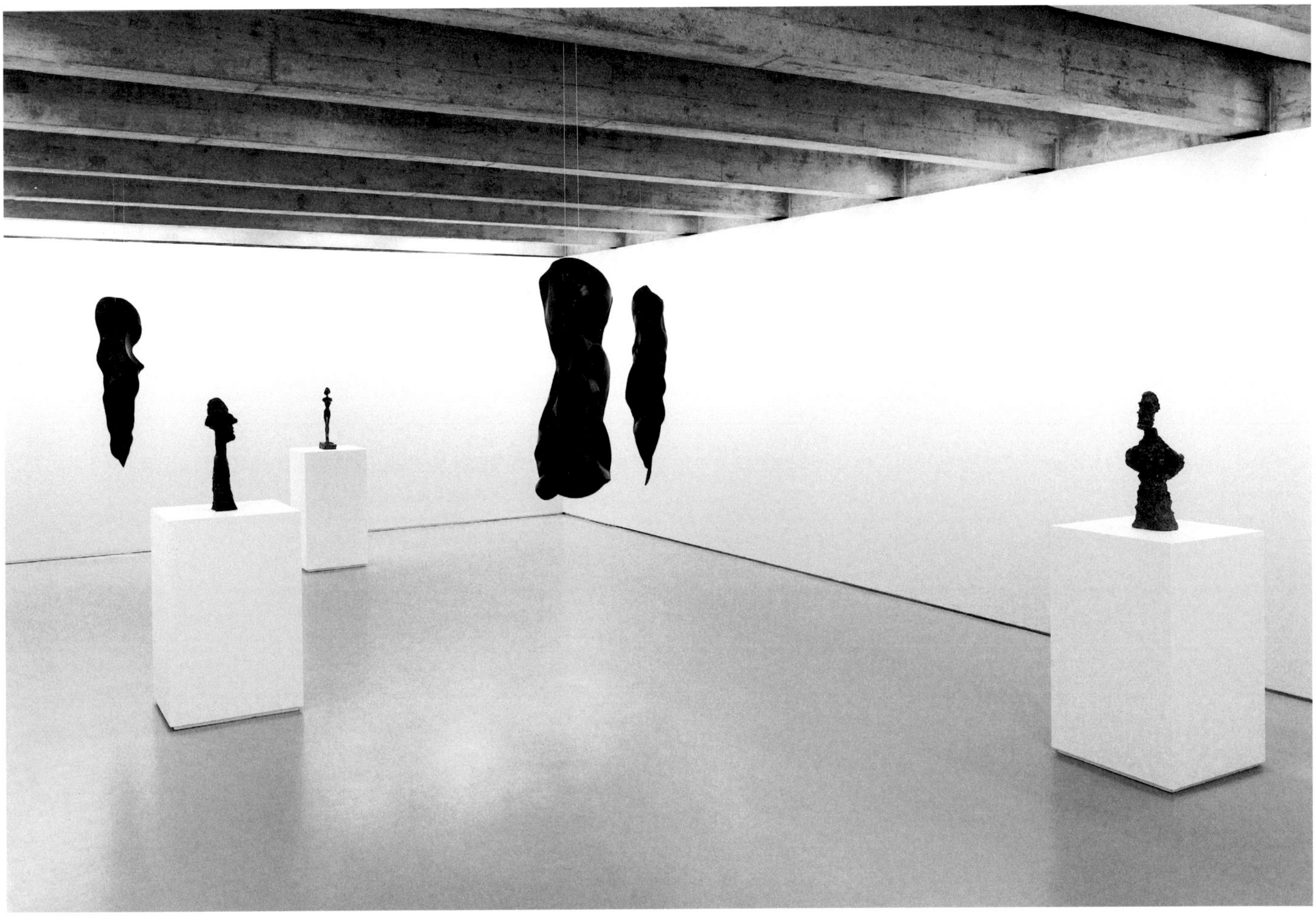

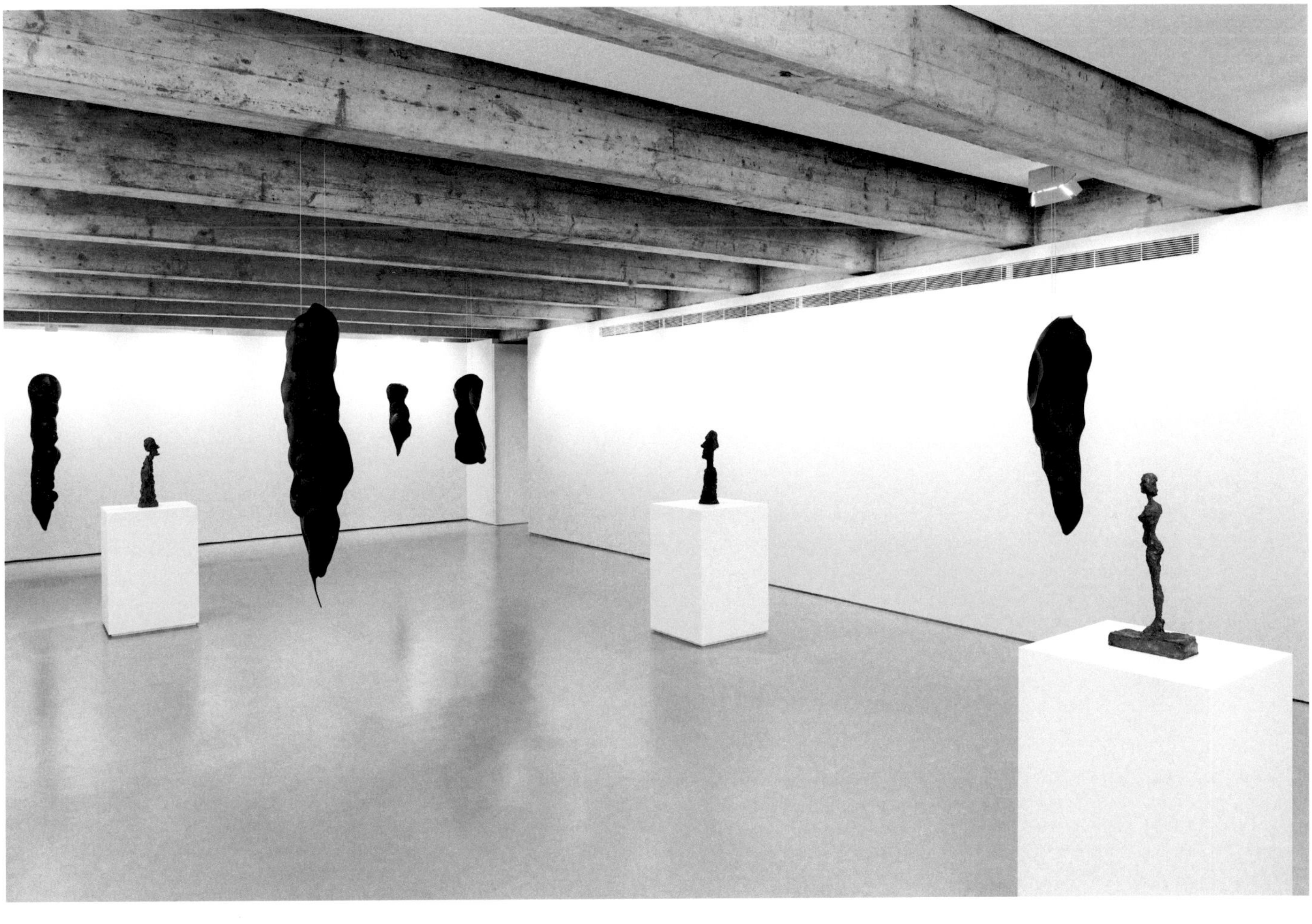

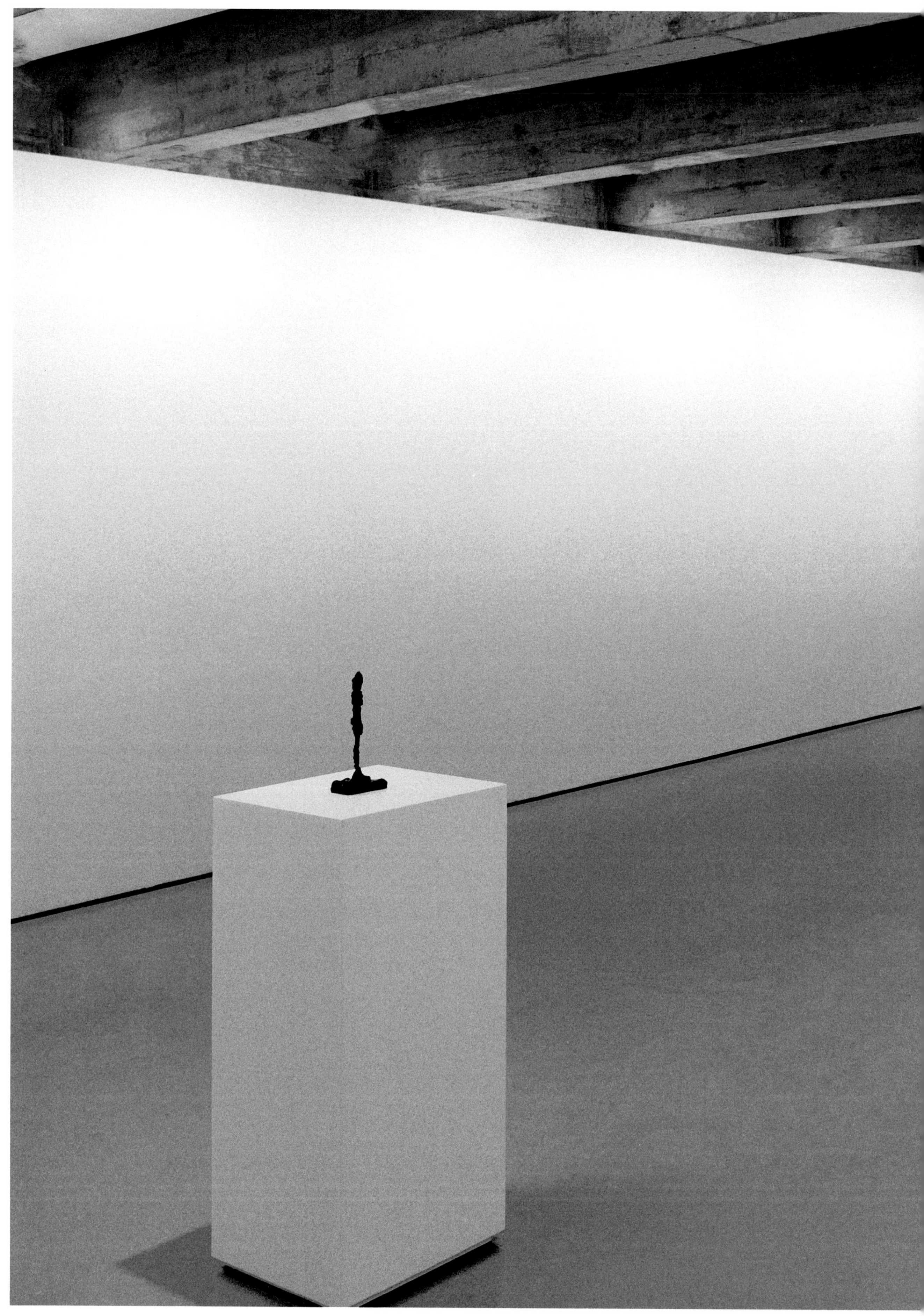

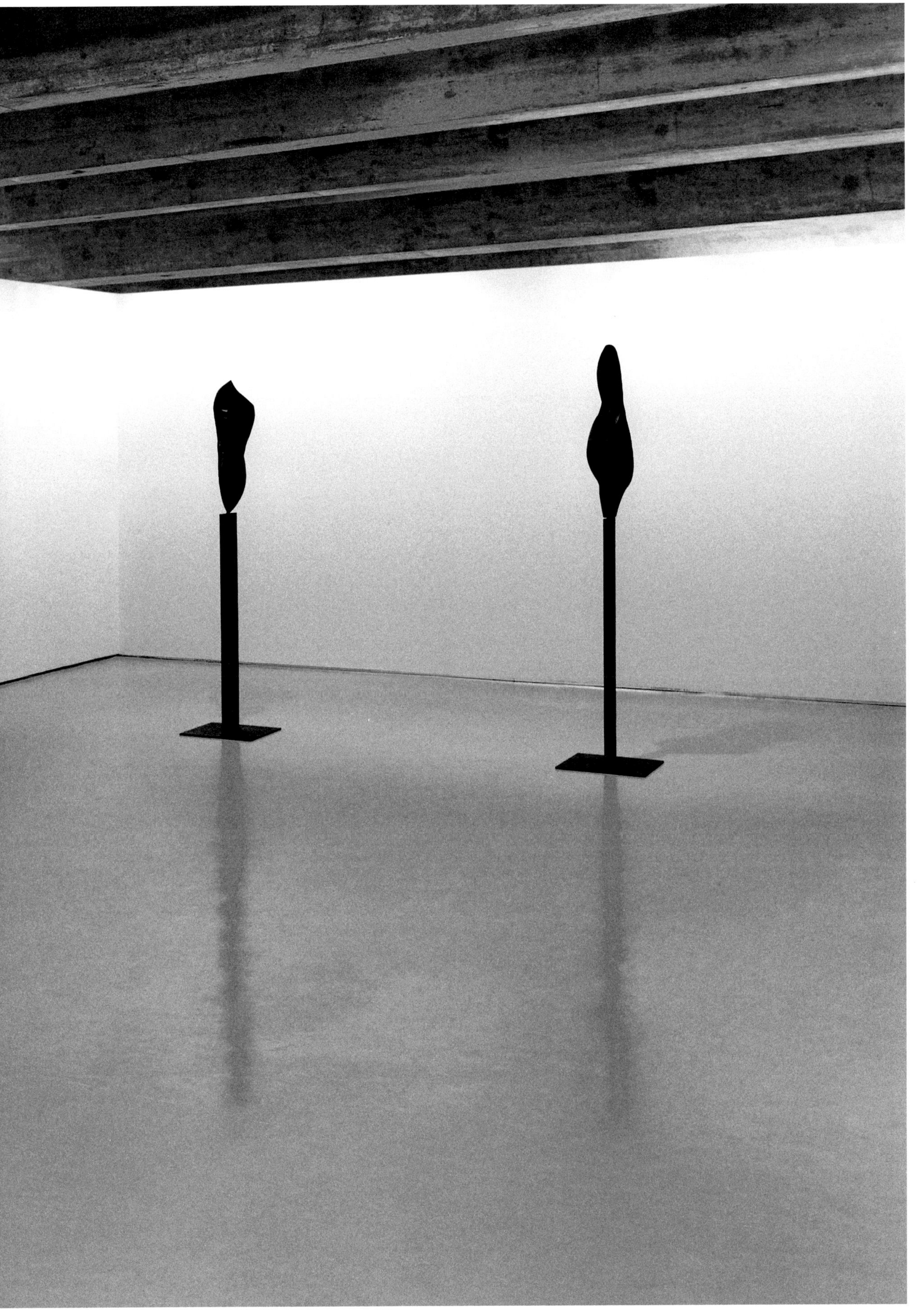

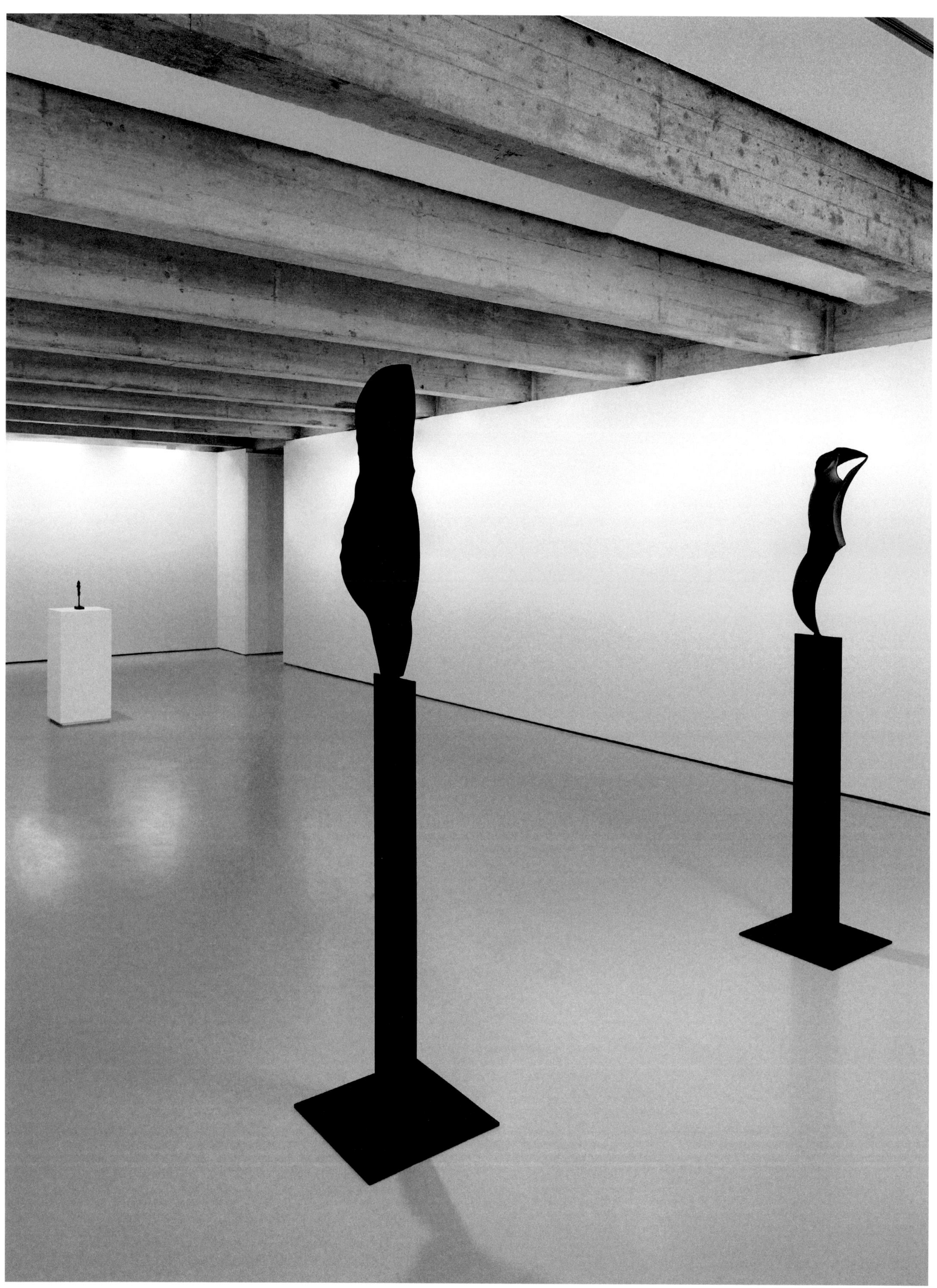

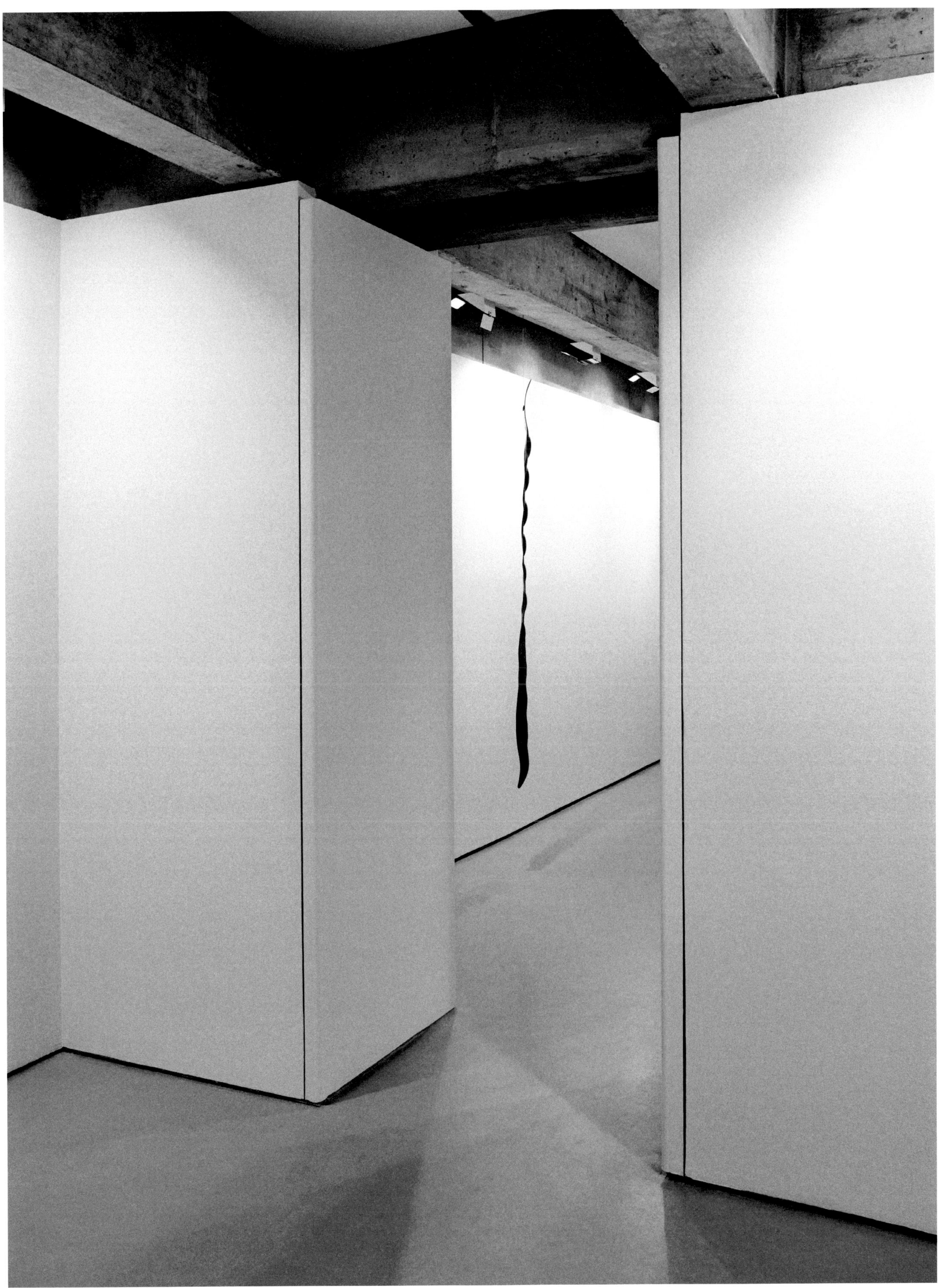

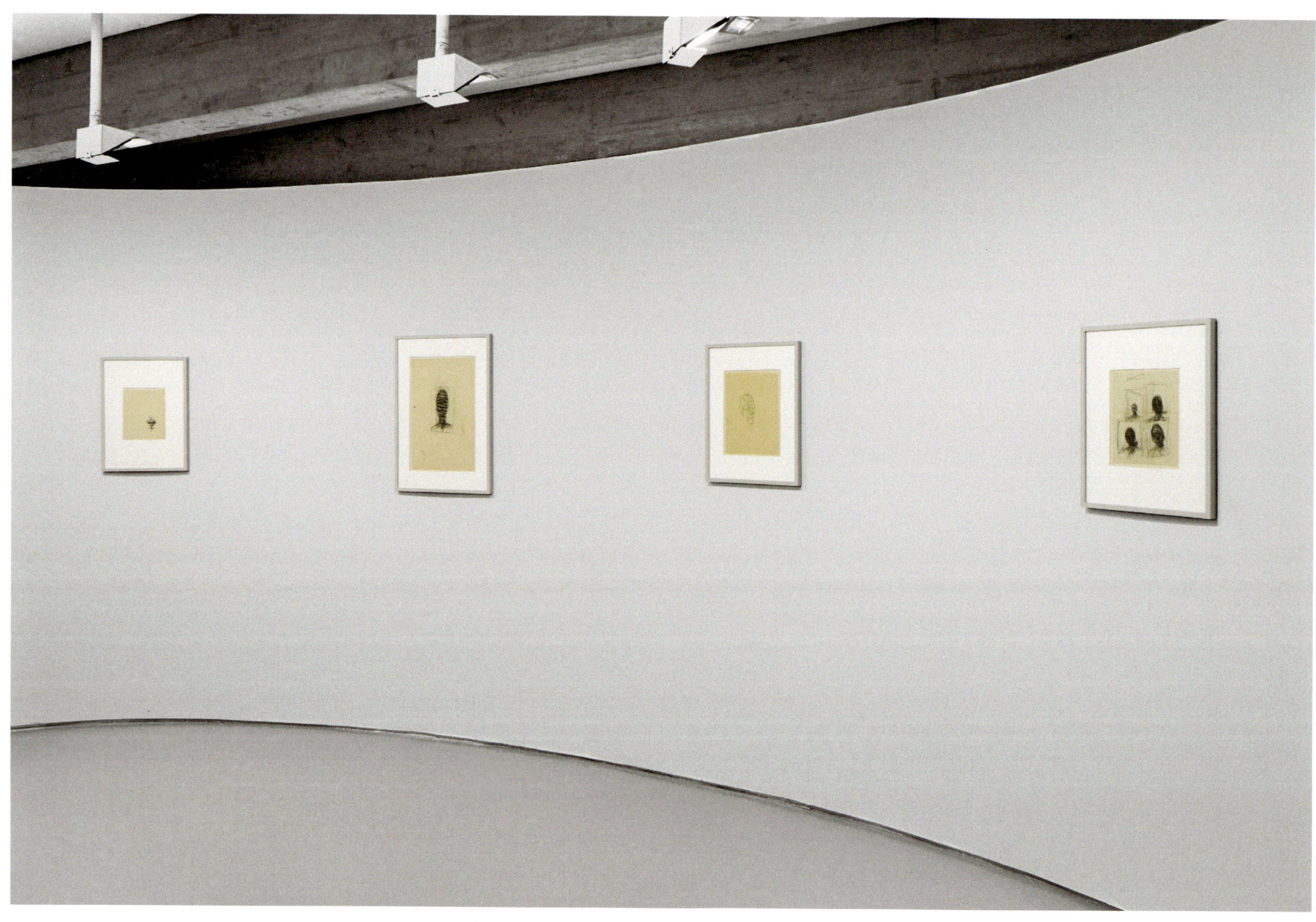

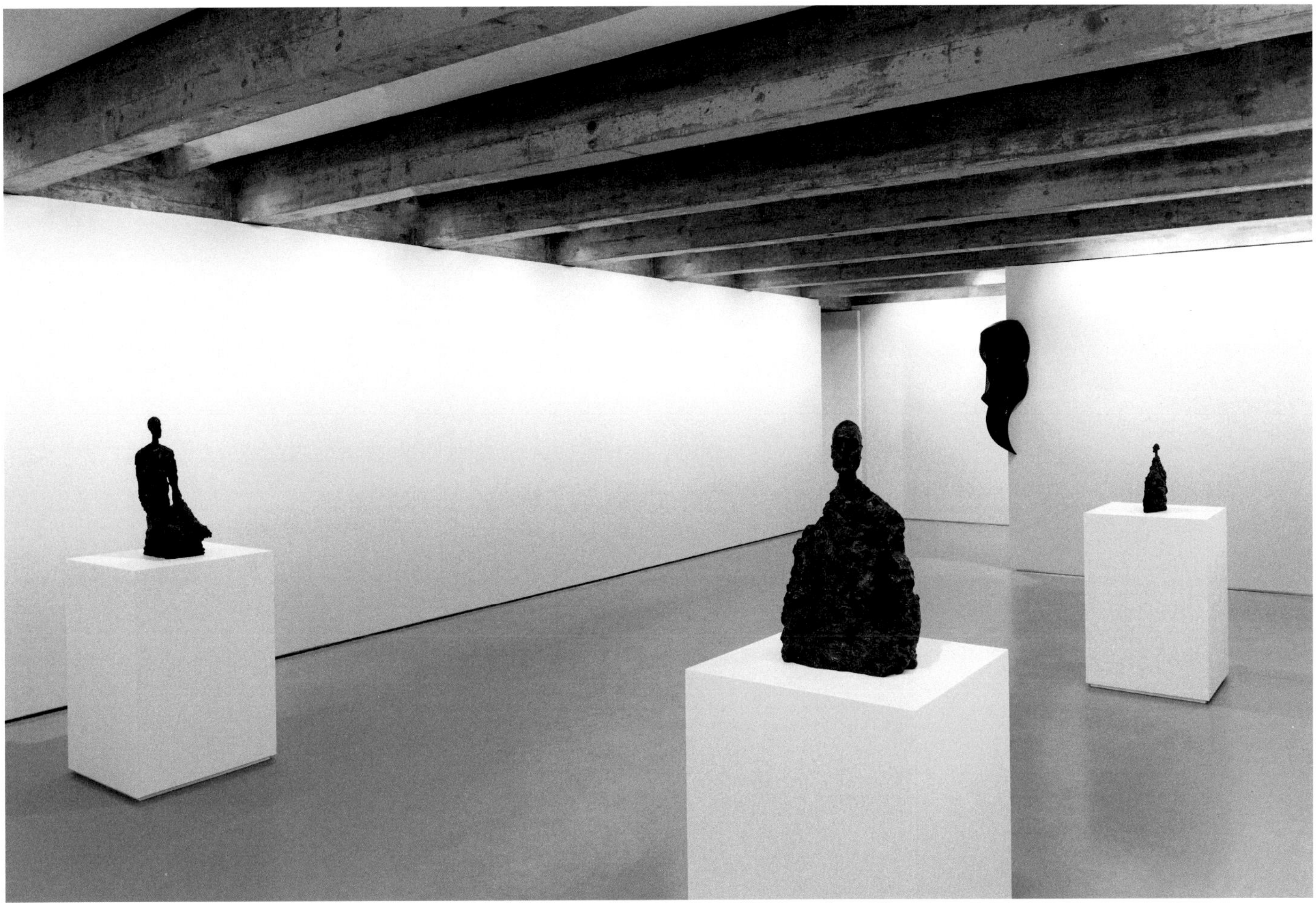

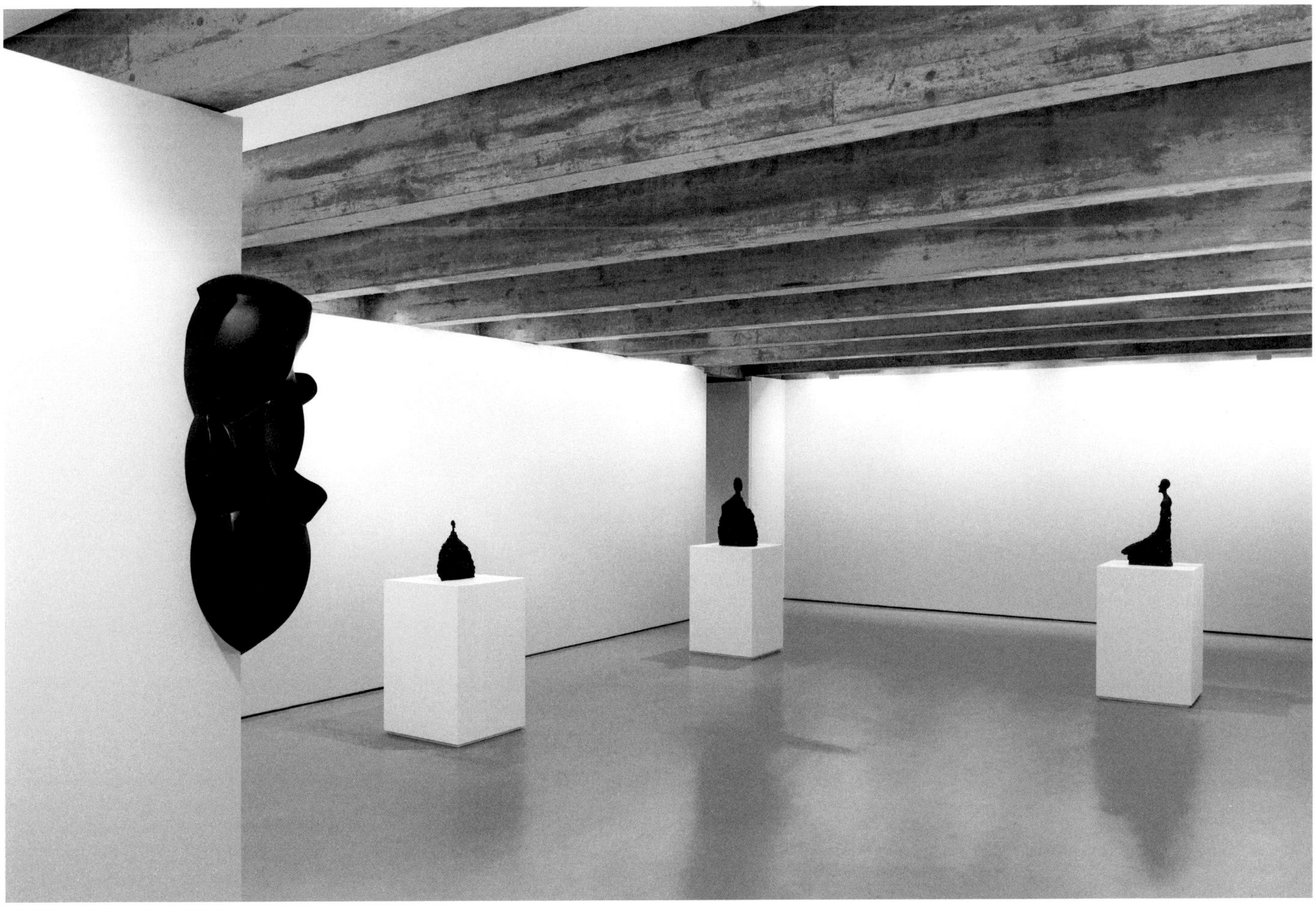

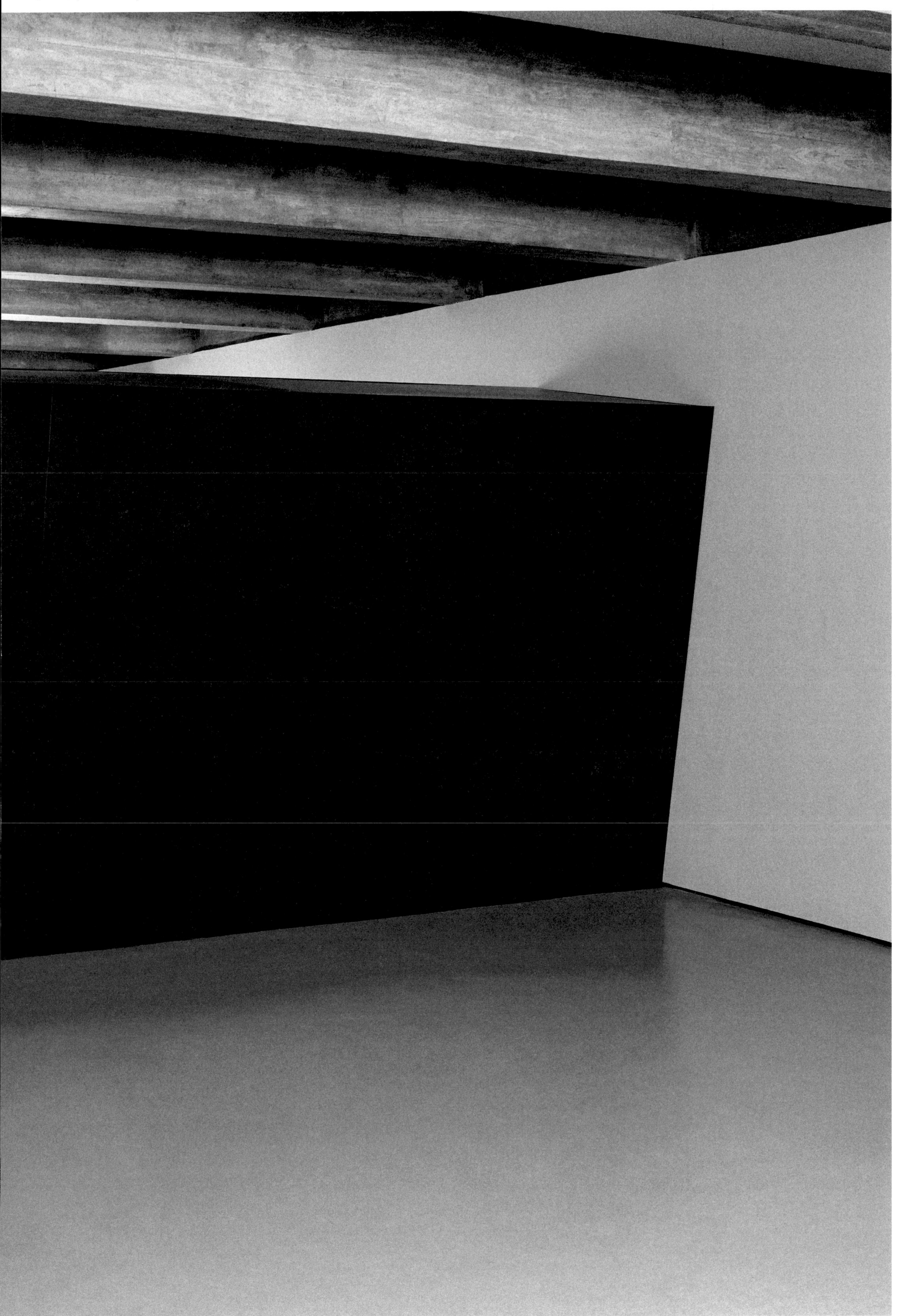

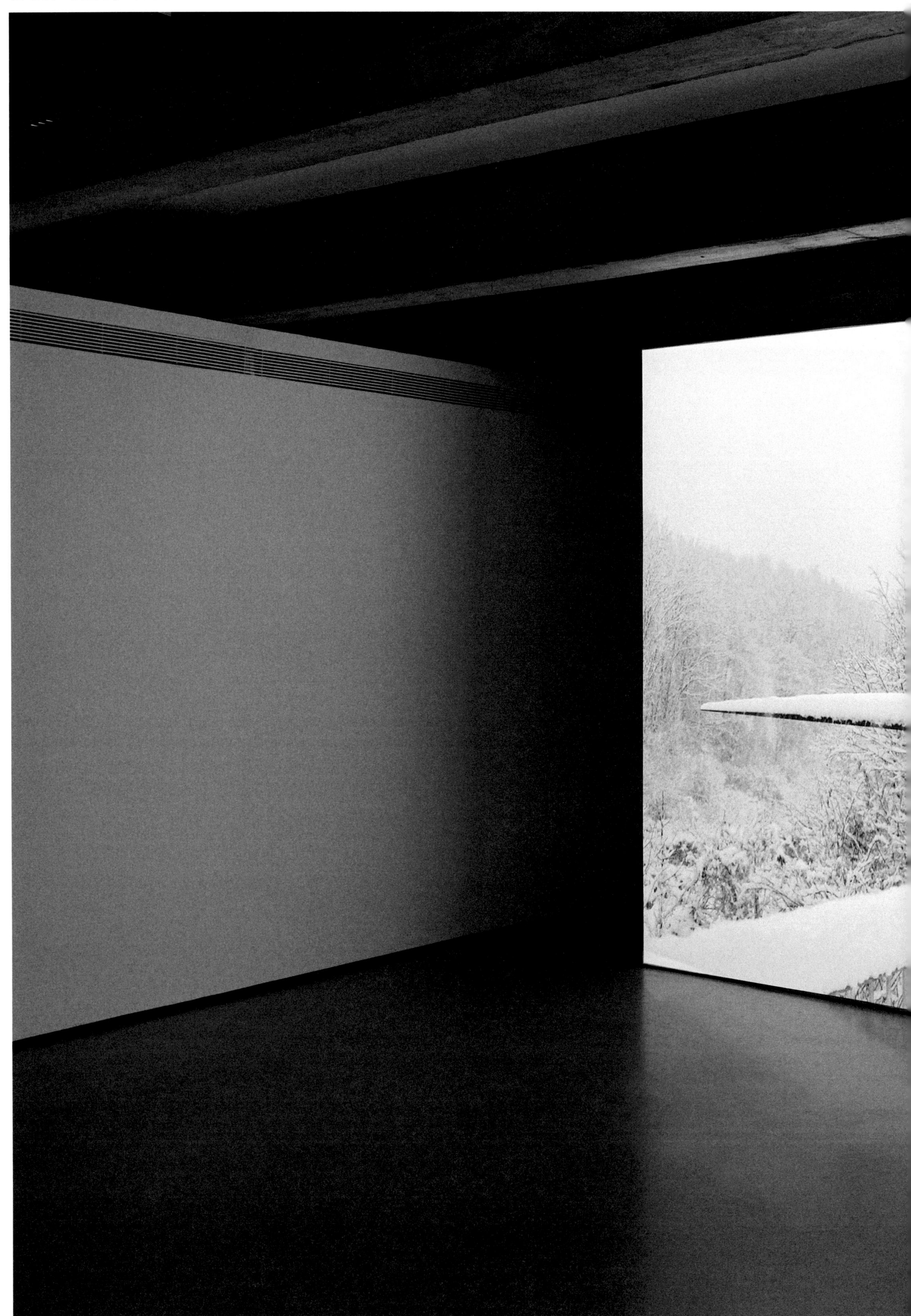

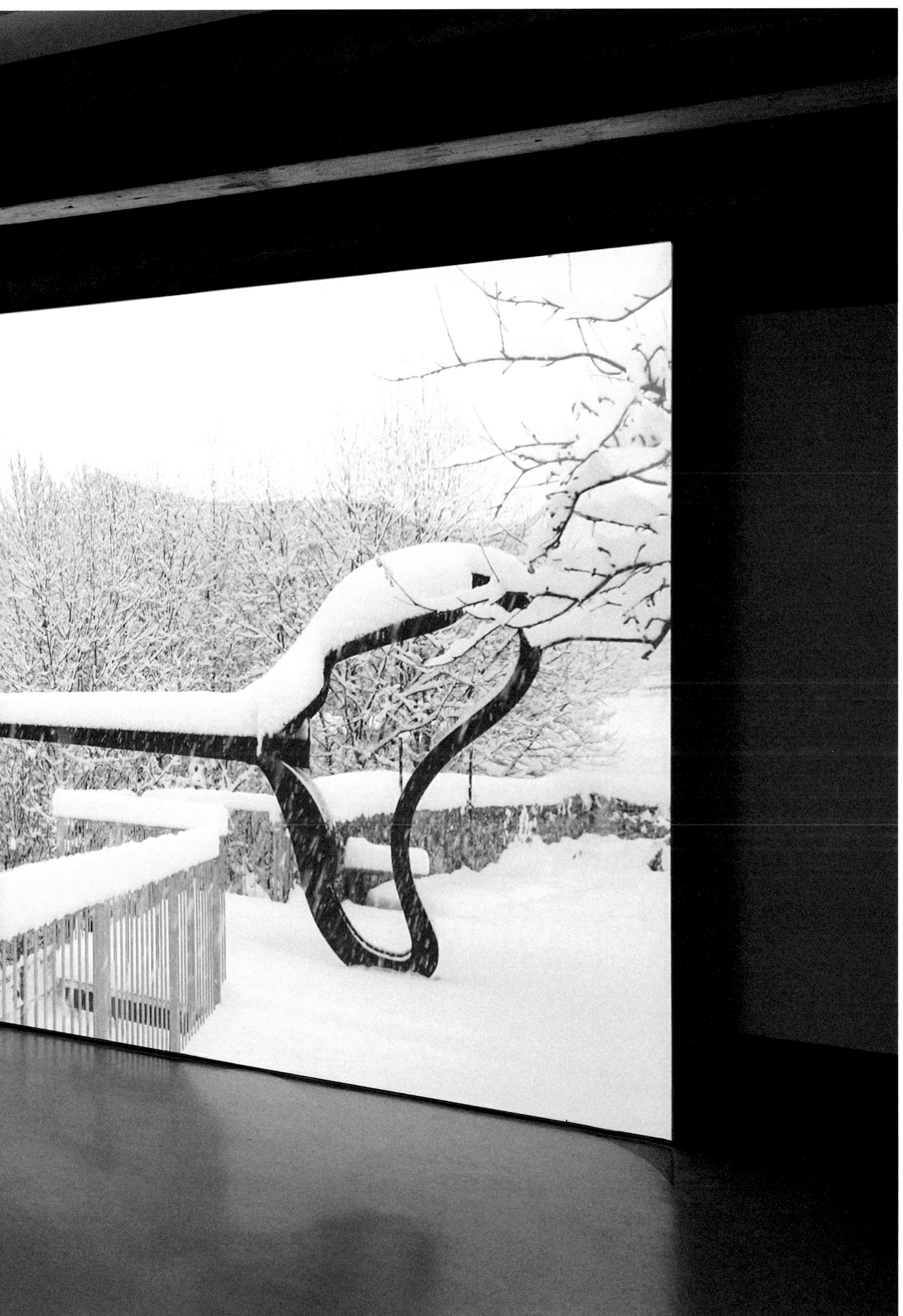

Caminhando juntos pelo bosque

Walking in the woods together

Virginia Marano

Quem o mais fundo pensou é que ama o mais vivo[1]
— FRIEDRICH HÖLDERLIN, «Sócrates e Alcibíades»

Quando o universo de Rui Chafes encontra o universo de Alberto Giacometti é como se os artistas caminhassem juntos pelo bosque, aguardando pela *Lichtung*, a reveladora clareira heideggeriana. As suas esculturas revelam-se não tanto como objetos de arte, mas como um despertar de energias dispersas num espaço infinito. Procuram apreender o Real, para além do meramente físico, e compreendê-lo como o Todo. Nas explorações de ambos, cada fragmento de realidade parece corresponder a um pedaço espelhado no trabalho do outro, no qual o infinito como um todo se reflete, um infinito subjetivo onde o nosso olhar encontra visões que evocam uma rica interioridade. Essas imagens, nas palavras de Merleau-Ponty, «são o interior do exterior e o exterior do interior, que a duplicidade do sentir [*le sentir*] torna possível, e sem os quais jamais se compreenderá a *quasi-presença* e a visibilidade iminente que constituem todo o problema do imaginário»[2].

As fascinantes estatuetas e os objetos ambíguos de Giacometti estão sempre presentes, mas representam, todavia, algo ausente, refletindo o seu complexo processo de visão. As suas figuras e criações alongadas evocam a sensibilidade omnipresente do desespero existencial no pós-Segunda Guerra Mundial. Avançam elegantemente, entrelaçando-se os seus caminhos inevitáveis sem se encontrarem. O escultor suíço procura criar uma sensação de assombrosa ausência, afastando-se do mundo objetivo para observá-lo à distância e, «ao fazê-lo, transcende os erros tanto do idealismo subjetivo, como da falsa objetividade»[3]. Este é um conceito a que Sartre regressou na sua conversa de 1978 com Sicard,

Este texto foi escrito em 2019.

1 — Friedrich Hölderlin, «Sócrates e Alcibíades», in *Poemas*, tradução de Paulo Quintela. Porto: Edições Asa, 2004, p. 64. No original lê-se: «Wer das Tiefste gedacht, liebt das Lebendigste», citado de: Friedrich Hölderlin, «Sokrates und Alkibiades», in Friedrich Schiller (ed.), *Musen-Almanach für das Jahr 1799*. Tübingen: J. G. Cotta, 1799, p. 47.

2 — Merleau-Ponty, *O Olho e o Espírito*, tradução de Luís Manuel Bernardo. Lisboa: Vega, 2004, p. 24.

3 — Traduzido do original: «In so doing he transcended the errors of both subjective idealism and false objectivity», in Simone de Beauvoir, *The Prime of Life*. Cleveland: World Publishing, 1962, p. 388.

He who has thought most deeply, loves what is most alive[1]
— FRIEDRICH HÖLDERLIN, *'Socrates and Alcibiades'*

When Rui Chafes's universe encounters Alberto Giacometti's, it seems as if the artists were walking in the woods together waiting for the Lichtung, *the Heideggerian unveiling. Their sculptures reveal themselves less as art objects than as an awakening of energies dispersed in a space that knows no limits. They seek to find the Real beyond the mere physical and to grasp it as the Whole. In their explorations, every fragment of the reality of each seems to correspond to a mirror-piece in the other's body of work in which the infinite is reflected—a subjective infinite where our gaze finds visions evoking a rich internality. In Merleau-Ponty's words, such images 'are the inside of the outside and the outside of the inside, which the duplicity of feeling [*le sentir*] makes possible and without which we would never understand the* quasi presence *and imminent visibility which make up the whole problem of the imaginary'.*[2]

Giacometti's enthralling figurines and ambiguous objects are always present but stand for something absent, thus reflecting the complex process of vision. His elongated figures and creations evoke the pervasive sensibility of post-WWII existential despair. They walk beautifully, intertwining their unavoidable paths without ever encountering one another. The Swiss sculptor seeks to create a haunting absence, moving away from the objective world in order to observe it from a distance, and 'in so doing he transcended the errors of both subjective idealism and false objectivity'.[3] *This is a concept to which Sartre returned in his 1978 conversation with Sicard,* Penser l'art *[To think about art], when he commented that the work of art is never a copy of nature or of the natural object but a production outside it.*[4] *Giacometti has chosen to sculpt characters' situational appearances reflected in the sculptures' determined points of view. This interiorised perspective of time*

This text was written in 2019.

1 — Friedrich Hölderlin, 'Socrates and Alcibiades' in Poems and Fragments, *translated by Michael Hamburger. London: Anvil Press, 2004, p. 105. Original reads: 'Wer das Tiefste gedacht, liebt das Lebendigste'. Quoted from Friedrich Hölderlin, 'Sokrates und Alkibiades', in* Musen-Almanach für das Jahr 1799, *edited by Friedrich Schiller. Tübingen: J. G. Cotta, 1799, p. 47.*

2 — Merleau-Ponty, 'Eye and Mind', in The Merleau-Ponty Aesthetics Reader: Philosophy and Painting, *edited by Galen A. Johnson, translated by Michael B. Smith. Evanston, Illinois: Northwestern University Press, 1993, p. 126.*

3 — Simone de Beauvoir, The Prime of Life. *Cleveland: World Publishing: 1962, p. 388.*

4 — See Jean-Paul Sartre and Michel Sicard, 'Penser l'art. Entretien', Obliques Sartre et les arts, *no. 24–25, 1981, pp. 15–20.*

Penser l'art, quando observou que a obra de arte nunca é uma cópia da natureza ou do objeto natural, mas uma produção exterior a esta[4]. Giacometti escolheu esculpir a aparência situacional das suas personagens, tal como se reflete no ponto de vista determinado na escultura. Esta perspetiva interiorizada do tempo e do espaço sugere que é possível alcançar um absoluto[5]. O seu objetivo é capturar a própria aparência e a sua incansável «busca pelo absoluto» dá testemunho da incerteza da nossa existência. A inelutabilidade das figuras esculpidas por Giacometti torna-se emblemática da nossa condição puramente subjetiva de pertença ao domínio da manifestação corpórea. O espaço do mundo em que existimos representa o fator crucial da sua exploração artística, na qual a perspetiva subjetiva se desvanece, mas pode, contudo, ser apreendida no núcleo interno da figura. Giacometti representa o mistério das aparições interrogativas. Sempre que as suas esculturas aparecem no vazio reformulam a questão metafísica fundamental: porque existe alguma coisa em vez de nada? E, na sua tentativa de descrever a experiência direta do mundo, mostra como abandonar a crença de que, para vermos melhor, basta apenas abrirmos os olhos. Fazendo do corpo o primeiro espaço de ação e identificação e o primeiro fator na criação e interpretação de sentido, é possível passar de esferas espaciais para esferas corpóreas da existência. Nesta interseção entre a experiência física e percetual, Rui Chafes cria uma nova dimensão espacial que dissolve a dicotomia interior/exterior. Captura a totalidade do espaço, composta por diversos espaços individuais, e procura apreender o intervalo entre a morte e a regeneração. O encontro com a sublimidade da ausência e da beleza intemporal de Giacometti é silencioso e suspenso. Chafes reflete serenamente sobre as diferentes perspetivas oferecidas por esta perceção particular do

4 — Veja-se Jean-Paul Sartre e Michel Sicard, «Penser l'art. Entretien», *Obliques Sartre et les arts*, n.ºs 24-25, 1981, pp. 15-20.

5 — Veja-se Jean-Paul Sartre, «La Recherche de l'absolu», *Les Temps Modernes*, n.º 28, janeiro de 1948, pp. 1153-1163.

and space suggests that the absolute may be attained.[5] He aims to capture appearance itself, with his restless 'search for the absolute' bearing witness to the uncertainty of our existence. The ineluctability of Giacometti's carved figures becomes emblematic of our purely subjective condition of belonging to the domain of corporeal manifestation. The space of the world in which we exist represents the hinge factor in his artistic exploration, where the subjective perspective vanishes yet can be perceived in the internal nucleus of the figure. Giacometti represents the mystery of interrogative apparitions. Each time they appear in the void, they reframe the fundamental metaphysical question: why is there something rather than nothing? In his attempt to describe the direct experience of the world, he shows how to dispel the belief that we have to open our eyes in order to see better. By making the body the primary space of action and identification, as well as a primary factor in the creation and interpretation of meaning, it is possible to move from spatial to corporeal examples of existence.In this intersection between physical and perceptive experiences, Rui Chafes inescapably creates a new spatial dimension that dissolves the internal/external dichotomy. He captures the totality of space, made up of many individual spaces, and seeks to grasp the interval between death and regeneration. The encounter with the sublimity of Giacometti's absence and timeless beauty is silent and suspended. Chafes quietly muses over the different perspectives offered by this particular perception of the world. A work of art tells a story, and then comes back as an image of the inner world, an adamant vision. Chafes's impressions create a space to release a new representation of energy displacements that corresponds to a fragmented perception of the world. In the oscillation between this fragmentary reality and an eternal image of phenomena, he tends to represent a narrative purer than verbal language. The emergence in his search for an understanding of human existence leads the artist to translate the problem of representation into a new symbolic corporeal epiphany.

5 — See Jean-Paul Sartre, 'La Recherche de l'Absolu', Les Temps Modernes, *no. 28, January 1948, pp. 1153–1163.*

mundo. Uma obra de arte conta uma história, e regressa depois como imagem do mundo interior, uma visão irredutível. As impressões de Chafes criam um espaço para dar lugar a uma nova representação de energia deslocada, que corresponde a uma perceção fragmentada do mundo. Na oscilação entre esta realidade fragmentária e a imagem eterna de determinados fenómenos, tende a representar uma narrativa que é mais pura do que a linguagem verbal. Aquilo que emerge na sua procura por uma compreensão da existência humana conduz o artista a traduzir o problema da representação numa nova epifania corpórea simbólica.

Na sua escultura *Avec rien* (2018), a tatilidade despe a obra da sua fragilidade. Como num casulo enigmático, o mistério da solidão torna-se invisível e sublima o medo existencial. A escultura abre-se e conduz para o exterior.

A singularidade inequívoca do trabalho de Chafes baseia-se na sua capacidade de transformar a imponderabilidade da energia num material que oferece geometrias esculturais. Contudo, na inexaurível relação entre o observador e a obra de arte, existe um sentido duplo e simultâneo de separação e de convite. A escultura carrega a própria marca da participação percetual do observador, exigindo assim uma resposta sensorial.

Debatendo-se no interior do contraste perpétuo entre realidade e perceção, Giacometti e Chafes procuram «não representar o visível, mas tornar visível»[6]. O seu encontro manifesta-se numa obra simbólica, *Le Nez* (1947-1950), que sugere possibilidades de interpretação alusivas e significativas. Nenhum deles se foca no objeto de arte como resultado, mas sim no próprio processo criativo, concebido como uma viagem com o seu próprio sentido e poder conceptual. Na imagística de Chafes, os fragmentos de realidade revelam um

6 — Traduzido do original: «Not to render the visible, but to render visible», in Paul Klee, *Creative confessions and other writings*. Londres: Tate Publishing, 2013, p. 7.

In his Avec rien *[With Nothing] (2018), the tactility denudes the work of its fragility. As in an enigmatic cocoon, the mystery of solitude becomes invisible and sublimates existential fear. It opens upon the outside and leads towards it.*

The unequivocal uniqueness of Chafes's work lies in the fact that he is able to transform the weightlessness of energy into a material that offers sculptural geometries. Yet, in the inexhaustible relationship between the viewer and the artwork, there is a double and simultaneous sense of separation and invitation. The sculpture carries the very imprint of the viewer's perceptive participation, and thereby demands a sensory response.

Giacometti and Chafes, struggling within the perpetual contrast between reality and perception, seek 'not to render the visible, but to render visible'.[6] Their encounter is manifested in a symbolic work, Le Nez *[The Nose] (1947–1950), which suggests allusive and significant possibilities of interpretation. Neither focuses on the art object as a result, but on the creative process itself, conceived as a journey with its own meaning and conceptual power. In Chafes's imagery, the fragments of reality reveal a complex, inexorable movement of the signifier. Giacometti's fragile work* Le Nez *leans towards the infinity which is transformed in Chafes's* La Nuit *[The Night] (2018). Observing the two works more closely, the elongated and emblematic nose retains a sense of ductility that dissolves the boundaries of perception. Here, the finitude of plaster as a weightless and perishable material encounters the heavy smoothness of iron. While Giacometti attempts to capture the void that begins at the tip of the nose, Chafes rarefies the object and lets it echo in a vast and empty space.*

The limit of Le Nez *now sees the possibility of building a new infinite through Chafes's* Sleepless Eyes *(2019). Immersed in the mystery of a garden in Stampa, the eyes gaze at the mountain and pierce it with their glance, 'springing from the earth as from the depths of time'.[7] The sculpture, rooted in a hollow space, reaches out 'into the openness'*

6 — Paul Klee, Creative confessions and other writings. *London: Tate Publishing, 2013, p. 7.*

7 — Mario Negri, 'Frammenti per Alberto Giacometti', Domus, *no. 320, July 1956, p. 47.*

movimento complexo, inexorável, do significante. A frágil obra de Giacometti, *Le Nez*, tende para a mesma infinidade que é transformada em *La Nuit* (2018) de Chafes. Ao observarmos as duas obras mais de perto, o alongado e emblemático nariz conserva uma sensação de ductilidade que dissolve as fronteiras da perceção. Aqui, a finitude do gesso enquanto material leve e perecível encontra a suavidade pesada do ferro. Enquanto Giacometti procura capturar o vazio que começa na ponta do nariz, Chafes rarefaz o objeto e permite que este ecoe num espaço vasto e vazio.

O limite de *Le Nez* permite a possibilidade de construção de um novo infinito através de *Sleepless Eyes* (2019) de Chafes. Imersos no mistério de um jardim em Stampa, os olhos contemplam a montanha e trespassam-na com o seu olhar, «brotando da terra como se das profundezas do tempo»[7]. Enraizada num espaço vazio, a escultura estende-se «até ao aberto» (*das Offene*), até à esfera da relação pura. O símbolo do nariz, como uma lança perfurando a montanha, revela não uma forma, nem um objeto, mas uma energia de espaço e tempo entrelaçados no Real. Não há limites; apenas uma infindável extensão do vazio que «não pode ser senão dito. Nele, o dizer e o dito coincidem, levando à anulação do próprio discurso. Uma tal coincidência significa que o vazio não é, ele mesmo, senão um nome»[8].

Chafes enfatiza a natureza exagerada do símbolo do nariz. Uma imagem destinada a abordar a questão do vazio e ampliada pela atmosfera melancólica deste cenário de jardim mágico. Torna-se uma ligação com a paisagem e, por conseguinte, uma passagem. A obra parece ser complementada por um observador abandonado, a cujo olhar oferece a encosta da montanha sobre o rio Maira, com Piz Duan ao fundo. A escultura encontra-se instalada à altura dos olhos de

7 — Mario Negri, «Frammenti per Alberto Giacometti», *Domus*, n.º 320, julho de 1956, p. 47.

8 — Traduzido do original: «Cannot but be said. In it, the saying and the said coincide, which prohibits all saying. Such a coincidence finds its reason in the fact that the void itself is nothing but its own name», in Alain Badiou, «Being, Existence, Thought: Prose and Concept», in *Handbook of Inaesthetics*, traduzido por Alberto Toscano. Stanford: Stanford University Press, 2005, p. 109.

(das Offene) *and into the realm of pure relation. The symbol of the nose, like a spear piercing through the mountain, reveals not a shape nor an object, but the energy of space and time interwoven in the Real. There are no limits, only an endless extension of the void that 'cannot but be said. In it, the saying and the said coincide, which prohibits all saying. Such a coincidence finds its reason in the fact that the void itself is nothing but its own name.'*[8]

Chafes stresses the exaggerated nature of the nose symbol. An image which is devoted to addressing the question of the void and enhanced by the melancholic atmosphere in this magic garden scenery. It becomes a connection with the landscape; hence a passage. The work seems to be complemented by an abandoned observer, to whose glance it offers the slope of the mountain above the river Maira towards the Piz Duan. The sculpture is installed at the same height as Marco Giacometti's eyes—to whom we are all deeply indebted for preserving, with the Giacometti Centre, the artist's historical and artistic roots. Sleepless Eyes *stands in the garden of the Swiss sculptor's family house, creating a revolutionary relationship with the surrounding landscape. It reminds us of the surrealist and anamorphic sculpture* Pointe à l'œil *[Point to the Eye] (1931-1932) by Alberto Giacometti. They both rely on the spectator's visceral reaction and participation in dismantling sculptural canons. Henceforth, there is no historical narrative, no material worth, but an independent and transformable meaning.* Sleepless Eyes *is there to be touched and felt by the viewer, who translates their physical gaze into a spiritual experience. This sculpture creates a unique space in which the silver lance wants to reveal the nothingness of the void. The world imagined by Chafes becomes fluid, recapturing and reconfiguring the classical forms of sculpture to dissolve the barriers between reality and perception. Here, we perceive the sense of the Heideggerian* Lichtung, *signifying the* unconcealedness (Unverborgenheit) *of that which is present. This* clearedness

8 — Alan Badiou, 'Being, Existence, Thought: Prose and Concept', in Handbook of Inaesthetics, *translated by Alberto Toscano. Stanford: Stanford University Press, 2005, p. 109.*

Marco Giacometti, a quem devemos, juntamente com o Centro Giacometti, a preservação das raízes históricas e artísticas do artista. *Sleepless Eyes* ergue-se no jardim da casa de família do escultor suíço, criando uma relação reveladora com a paisagem circundante. Recorda-nos a escultura surrealista e anamórfica de Giacometti *Pointe à l'œil* (1931-1932). Ambas se sustentam na participação e reação visceral do espectador e da sua participação no desmantelamento de cânones escultóricos. Doravante, não poderá haver qualquer narrativa histórica, qualquer valor material; apenas um sentido independente e transformável. *Sleepless Eyes* está ali para ser tocada e sentida pelo observador, traduzindo o olhar físico numa experiência espiritual. A escultura cria um espaço único, no qual a lança de prata quer revelar o nada do vazio. O mundo imaginado por Chafes torna-se fluido, recuperando e reconfigurando as formas clássicas da escultura para dissolver as barreiras entre a realidade e a perceção. Aqui, compreendemos o sentido da *Lichtung* heideggeriana, significando o «desvelamento» (*Unverborgenheit*) daquilo que está presente. Esta «claridade» (*Gelichtetheit*) não significa luminosidade; nas palavras de Heidegger, o que é claro é «não apenas livre para a luminosidade e a escuridão, como também para a ressonância e o eco, para o som e a diminuição do som. A clareira é a abertura para tudo o que está presente e ausente»[9].

Giacometti e Chafes impelem-nos a reconfigurar o mundo e a imaginar diferentes planos de perceção, como se questionassem a própria essência da vida. Com os olhos fechados, sentem a ausência de revelação. Caminhando juntos pelo bosque, murmuram a sua descoberta do Absoluto sartriano.

9 — Tradução do original: «Not only free for brightness and darkness, but also for resonance and echo, for sounding and diminishing of sound. The clearing is the open for everything that is present and absent», in Martin Heidegger, *On Time and Being*, tradução de Joan Stambaugh. Nova Iorque: Harper Row, 1972, pp. 64-65.

(Gelichtetheit) *does not mean brightness. In Heidegger's words, what is clear is 'not only free for brightness and darkness, but also for resonance and echo, for sounding and diminishing sound. The clearing is the open for everything that is present and absent.'*[9]

Giacometti and Chafes urge us to reconfigure the world and imagine different terms of seeing as if questioning the very essence of life. With their eyes closed, they feel the absence of revelation. Walking in the woods together, they whisper that they have found the Sartrean Absolute.

9 — *Martin Heidegger,* On Time and Being, *translated by Joan Stambaugh. New York: Harper Row, 1972, pp. 64–65.*

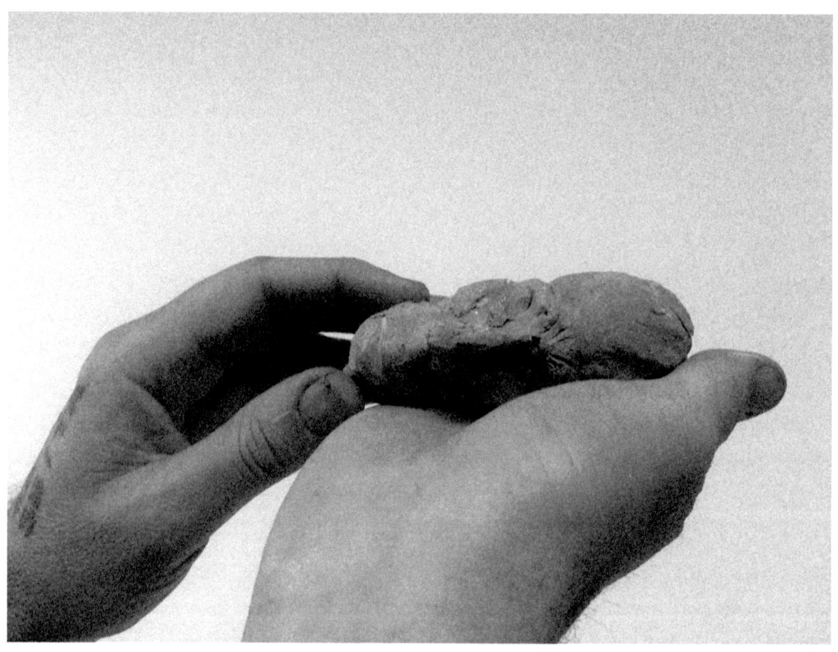

Rui Chafes com / *with* Tête d'homme de / *by* Alberto Giacometti

LÉXICO

Seleção de excertos de textos e de entrevistas a Rui Chafes realizada por Helena de Freitas em 2018. Edição revista e aumentada em 2022 com a colaboração de Vera Barreto.

«Quando se vê uma escultura de Giacometti, por exemplo, vê-se ali uma cidade inteira em cada dedada que ele deixa no barro. Não é apenas um pedaço de bronze: é tudo o que cada gesto traz consigo, essa é que é a ambição para mim, a devoção à escultura.»

— Conversa entre Rui Chafes, Pedro Costa, Catherine David e João Fernandes, in *Fora/Out*. Porto: Museu de Serralves, 2007, p. 143.

«Se calhar há quarenta milhões de artistas, mas continua a só haver um Giacometti, um Pasolini, um Jean Genet ou um Chaplin. A mim interessam-me os artistas que carregam um mundo consigo, que constroem um percurso concreto, forte, sólido, com princípio, meio e fim e com pensamento profundo. A mim interessa-me a profundidade, a relação entre o cimo e o baixo, a verticalidade, a relação entre o céu e a terra.»

— Conversa entre Marcio Doctors e Rui Chafes realizada em Lisboa, em julho de 2007, in *Projecto Respiração NOCTURNO*. Rio de Janeiro: Fundação Eva Kablin, 2008, p. 126.

APARIÇÃO

«Não existe arte sem transformação: transformação da sua própria natureza numa outra, uma substância noutra, uma coisa noutra. É também sempre uma revelação, a revelação do que está escondido. Em arte, o que está escondido é sempre mais importante e maior do que aquilo que se mostra. Não é a evocação mas a apresentação da ausência ou de qualquer coisa que está para além ou atrás do objecto. Vejo a arte um pouco como uma aparição, no sentido em que se vê pela primeira vez uma coisa que ainda não existia no mundo. A arte deve provocar o deslumbramento do primeiro olhar, a primeira visão.»[1]

«Para mim põe-se a questão: como pode acontecer uma escultura num espaço de tal modo que dessa maneira surja uma abertura para um outro mundo, que seja efectivamente uma libertação desta vida quotidiana? (...) Acredito que a arte trata sempre da possibilidade de despertar no Homem o pressentimento de um outro mundo.»[2]

«A arte tem de ser uma declaração de amor. Tem de possuir, de cada vez que a visitamos, a emoção e o deslumbramento do primeiro olhar: a revelação, a emoção, a expectativa, a comunhão e a transformação, infinitamente.»[3]

ASCENÇÃO

«Percebi que a ascensão é feita através do esforço, através do nosso próprio peso. E (...) provavelmente a peça não está a subir mas a descer, a ascensão e a queda são próximas.»[4]

BELEZA

«O que é verdadeiro é belo e deve por isso ser trabalhado com rigor e dureza para produzir beleza e verdade. No vazio profundo só a ideia tem forma. O mais nobre que a arte pode fazer surgir é "a imagem da ideia" em si (ao que Runge chamou "a alegoria de Deus") e só pode ser procurado dentro de nós.»[5]

DESENHO

«O desenho é a forma artística mais íntima, a que me é mais próxima e directa. É uma linguagem quase sem intermediário tecnológico. Pode não parecer, mas todos os desenhos que faço servem para a escultura.»[6]

«O que caracteriza um desenhador é a sua capacidade de olhar, não é a sua capacidade de desenhar. Olhar o mundo e roubar-lhe imagens. Isto é cerebral, não é? (...) O meu desenho exige tempo de observação, justamente devido às camadas que o compõem, mas diria que o desenho se pode não-ver. Muitas vezes uso lápis muito leves que tornam a inscrição quase invisível e, portanto, o desenho funciona mais pela sugestão. Algo parece estar a aparecer mas não se vê na totalidade. Ou seja o desenho está lá, mas é preciso procurá-lo, persegui-lo. Eu desenho, sobretudo, flores...»[7]

«O processo de desenhar com a mão e com o lápis e o processo de escrever são, para mim, o mesmo e as ideias fluem de uma forma visual ou verbal, absolutamente íntima.»

«Não fiz aqueles desenhos (*Nie Wieder*, 1990) por idolatria ou por qualquer forma de heroísmo; fiz por proximidade, por intimidade e porque no fundo queria olhar para eles nos olhos. Mas qualquer retrato (...) é exactamente isso, uma personagem a olhar para nós, nos olhos, através dos séculos.»[8]

DESCONTINUIDADE

«Nasci em 1266 numa pequena aldeia, que já não existe, na Francónia, na Baviera.»[9]

ELEVAÇÃO

«Para mim o peso é também tema. Mas interessa-me na inversão aparente. Apesar do seu grande peso, os meus trabalhos na sua maioria não tocam o chão, eles estão suspensos do tecto ou na parede. Apago as marcas do trabalho e escondo o material. A bola de ferro com as suas fitas de ferro é, para mim, como uma suma de longos anos de trabalho.»[10]

«Transformar o ferro em leveza e transparência implica, por exemplo, observar minuciosamente o movimento da asa de um pássaro a voar. Faço o que faço porque acredito que este material é uma emanação de energia. É de vida que se trata: terra, magma e fogo, pois é com fogo que se trabalha o ferro (...). No contexto da História de Arte, seria pertinente analisar a produção escultórica do século XX e perceber como é que, através de uma dada linguagem se convoca a elevação operando-se com o seu oposto. Por exemplo, com a desintegração matérica operada por Alberto Giacometti ou, na sequência do minimalismo, com as propostas de Richard Serra, Carl Andre ou Robert Morris.»[11]

«Nada mais me interessa, em escultura, do que transformar uma pedra numa asa, um pedaço de ferro num sopro.»[12]

ESPAÇO

«O caminho da negação, da redução, da austeridade e ascetismo, da discrição, tomado por Giacometti, conduziu-o à criação de um espaço calcinado. O espaço é a matéria da sua escultura: mais do que invólucros vazios, as suas figuras são espaços ou impossibilidades de ocupar o espaço. Aqui se apresenta um testemunho do Homem desprovido de qualidades individuais, o Homem tornado local, lugar, espaço. O Homem destruído, esburacado, dissecado, exaurido.»[13]

«O meu trabalho é diferente: construo objectos para um espaço utópico, um espaço mental, que às vezes coincide com o espaço real, ou que às vezes (...) coincide com um confronto com outros trabalhos.»

«Apenas apresento espaços vazios, ecos e restos.»[14]

«O trabalho de ambos (Giacometti e Beckett), a sua redução radical do medo do Homem a um mundo de sombras corroídas, assustadoramente definitivo, é uma forma de humanismo desesperado e é das obras mais importantes deste século: não pela redução formal mas pela instauração do espaço negativo como forma. O artista oferece testemunho daquilo que lhe possível. Só isso.»[15]

ESPIRITUALIDADE

«Na minha perspectiva, a escultura, em geral e a escultura pública, em particular, reportam-se à dimensão espiritual da humanidade. Assim, cumpre a função de elevar as pessoas. Numa hipotética hierarquia espiritual, de participação no Absoluto, a maioria das pessoas está agarrada à matéria. Na vida quotidiana recente, as conquistas materiais sobrepuseram-se à instância espiritual. O ser humano esquece-se, cada vez mais, da libertação espiritual e prende-se crescentemente, aos valores materiais, à existência rasteira. Este fenómeno representa, na minha opinião, não uma evolução mas uma involução da humanidade. Assim a escultura, tal como a encaro, e a escultura que me interessa — como a religiosa, quer seja hindu, ou medieval, francesa ou alemã, por exemplo —, é a que permite às pessoas tirarem peso dos seus pés e da sua cabeça, instituindo-se numa convocação à elevação.»[16]

«Deve haver um significado único e superior por detrás de cada erva, flor, nuvem que passa ou criança que nasce. Não há dúvida que é necessário recriar e renovar essa nostalgia, tornando-a contemporânea.»[17]

ÉTICA

«(...) o artista traz em si a palavra, ele tem um conhecimento especial, tem algo a dar. Beuys falava de uma chama que teria de se transmitir (...) penso que a arte cura e purifica o homem na catástrofe. O Homem não pode sobreviver sem esperança e sem dignidade. Os artistas com a sua consciência peculiar do tempo e do mundo, vêem as coisas mais cedo. Eles são uma espécie de vozes desamparadas. Tenho de acreditar nisto, ou não terá nenhum sentido, para mim, fazer arte.»[18]

«Acredito que o artista exprime o instinto espiritual da humanidade, traduz a tensão do homem em relação ao eterno ou a uma qualquer forma de transcendência. A arte transporta em si uma nostalgia do ideal e exprime sempre a sua procura. O artista no seu movimento para o Ideal, perturba a estabilidade de uma sociedade. A sociedade aspira à estabilidade, o artista aspira ao infinito. É esta a responsabilidade do artista e o sacrifício espiritual que lhe é exigido: com a sua consciência e a sua rigorosa demanda da momentânea verdade absoluta, ele vê as coisas antes dos outros e oferece-as ao Mundo mesmo se, por vezes, possam parecer apenas feridas abertas e vulneráveis. A arte coloca dúvidas, instaura perturbações. Ela é a consciência da memória e da estrutura emocional de um espaço. Nesta posição de imensa responsabilidade, o artista tem obrigatoriamente de possuir uma extrema e escrupulosa ética no seu trabalho.»[19]

«A arte é o duro trabalho da nossa alma. A história da alma de um artista é dura, difícil, por vezes desagradável.»[20]

«Só podemos oferecer o que nos cabe na mão.»[21]

FERIDA

«Trago-te em mim como uma ferida (...)»[22]

«O trabalho das facas. Aqui se vêem mínimas intervenções, discretas como cortes e cicatrizes, de ferro negro. Escuridão, ocultação, intimidade que não se pode devastar, fendas, frinchas estreitas, prisões vazias. Entradas muito estreitas para penetrar na escuridão da Terra, na escuridão do corpo.»[23]

«Essas chagas que são uma intervenção na matéria, no ferro, têm muito mais a ver com a ideia de uma ferida que não fecha, de uma ferida que toda a gente tem em si. Não é tanto a ideia do sofrimento ou da chaga nos outros, mas sim a ideia de cada pessoa ter de nascença e trazer em si, uma ferida que não fecha. Não é verdade? Isso é um pouco a história do Rei Amfortas, no Parsifal, uma ferida que nunca fechava...

no Palácio da Pena, as esculturas eram como feridas, cortes que se fizeram com a faca. O gesto de cortar com uma faca, seja um banco, seja uma ferida ou uma caixa, esse gesto de cortar tem uma relação muito forte também com a maneira como vivemos no mundo.»[24]

«Que lâmina abriu, a direito, essas feridas que não falam? Que *lâmina fria, pura, cristalina*?»[25]

«A minha escultura é sempre como uma faca que trazemos no bolso, não é propriamente o monumento.»[26]

FORMA

«Superior ao homem é a forma, que é a maneira mais elevada de transmitir qualquer modo de pensamento, e o artista poderá ser a voz dessa forma. Por isso é que o artista tem de ter pudor, não pode projectar na obra todos seus problemas e interesses pessoais. A realidade, o mundo real, não me interessam, tudo o que faço é inventado. Acredito, como Oscar Wilde, que a arte deve ser uma mentira, o mundo construído, absolutamente artificial.»[27]

INSATISFAÇÃO

«Alberto Giacometti, no seu pequeno estúdio, não conseguia parar de recomeçar, de tentar, de falhar de novo e de recomeçar de novo (...) A arte é sempre uma decepção, não pode prometer nada. Mas a sua secreta ambição é desmesurada: parar o tempo.»[28]

«Eu entendo que a boa arte, a arte forte, é a arte que não promete nada, a arte que é sempre uma desilusão. A arte fraca encena, sugere e promete.»[29]

IRRADIAÇÃO/VIBRAÇÃO

«Para mim, o importante é a radiação, a energia que um objecto possui, é aí que reside o meu trabalho (...) Interessa-me a alma de um objecto. Considero a arte uma transmissão de energias. A arte consegue despertar no Homem forças escondidas e não explicáveis racionalmente, é nisso que acredito. A arte é um catalisador. Não existe arte sem transformação. As minhas esculturas são módulos de pensamento para mim e, possivelmente também para os outros.»[30]

LENTIDÃO/RESISTÊNCIA

«Tenho a impressão de que só podes construir um trabalho com outro artista se ambos tiverem contornos muito definidos, muito resistentes. Os dois trabalhos podem funcionar juntos mas com essa resistência. É muito importante para mim ver contornos claramente definidos e resistentes, só assim posso colocar o meu trabalho ao lado de um outro. (...) A partir daí, veremos se vai nascer qualquer coisa "outra", para nós e para os outros.»[31]

«A minha escultura é um trabalho áspero, baço, granuloso, para não escorregar neste mundo transparente, translúcido e colorido. Nesse sentido, o meu trabalho é um bocado alienígena. Não anacrónico, mas um passo em frente. Para não escorregar.»[32]

«Não me interessa nada essa estética rápida e superficial, cheia de ideias divertidas e banais: tenho necessidade de um outro tempo, de outra coisa mais lenta, mais próxima do silêncio, da sombra, da dor, da beleza e da impossibilidade da beleza, da suspensão do tempo, da solidão, da incomunicabilidade.»[33]

«A palavra-chave, para mim, é sempre "resistência"». Resistir (ao trabalho, ao tempo, ao público, aos fracassos) é a qualidade mais importante num artista, para mim. Resistir e lutar. É necessário também que o trabalho resista a nós próprios, só dessa forma poderemos saber se é um bom trabalho. A resistência é também o único meio de defender a nossa solidão: a minha solidão é o único caminho para avançar»[34]

«Tenho cada vez mais a sensação de que, no atelier, me movo como uma iguana, muito devagar, respirando pausadamente, andando muito lentamente. Tento que o pensamento e o movimento sejam coincidentes.»[35]

«É evidente que pode dar a impressão de que estou à margem do modernismo, de que estou à margem da contemporaneidade e de que estou à margem da minha geração (o que quer que isso queira dizer). (...) A minha obra assenta em termos e princípios que parecem ser absolutamente ignorados pela contemporaneidade, como: o silêncio, a dor, a morte e a serenidade, a suspensão do tempo, a paragem do tempo no meio da velocidade.»[36]

«A partilha efectiva exige muito tempo, é difícil e lenta. (...) Para mim, o tempo é lento e denso, e a arte que me interessa é lenta, densa e áspera, oferece resistência à aceleração leviana. O excesso de informação a que temos acesso transformou a nossa capacidade de ver e apreender o mundo: as pessoas consomem imagens em alta velocidade, sem verem, como se estivessem a passar o dedo no ecrã do tablet, sempre à espera da próxima. Mas é essencial aprender a ver, a interromper essa corrida superficial pelas imagens. (...) Temos de acreditar numa forma de arte que seja capaz de desafiar o actual estado de superficialidade da civilização humana.»[37]

«Os dois são (Giacometti e Beuys), à distância que o tempo nos permite, os que conseguem instaurar uma linguagem de resistência válida e sólida, capaz de ser confrontada com a vitalidade, a radicalidade, a inovação e a capacidade de afirmação.»[38]

«O problema é vivermos num tempo de distração e de multiplicação de velocidades, um tempo de impaciência e de busca do imediato, um tempo onde não há tempo para ter revelações; na verdade, um tempo sem tempo para o tempo. Por isso me aproximo de um trabalho lento, de uma linguagem da lentidão, procuro parar o tempo e ouvir o silêncio do mundo.»[39]

«Avancei cuidadosamente sobre um lago gelado, sabendo que não tinha chão debaixo dos pés, sempre com medo de que essa fina camada de gelo se quebrasse...»[40]

MÁSCARA

«Um tema central e sempre recorrente do meu trabalho é a dor, e nomeadamente a dor como metáfora do corpo. A máscara é mais, é parte substancial do meu trabalho. Mesmo tecnicamente, tenho de trabalhar com ela. A obra em si mesmo é uma máscara, porque esconde o material e trabalha com a ilusão. Depois aparece também frequentemente a face interior e a face exterior, ou pelo menos os lados interior e exterior de uma escultura. (...) Porém o que mostro são ambas as faces simultaneamente. Também nos Homens me interessa o que se esconde por detrás das faces que

ostentam — estas faces sorridentes que te agridem, que te podem matar. Muito poucas pessoas têm uma face interior e uma face exterior absolutamente iguais. A máscara é a arma mais importante. E aí pode começar a arte, aí se pode estabelecer a desilusão como um corte.»[41]

MORTE

«(...) Acredito que a arte se relaciona sempre com a morte. Quem faz arte, fala da morte. O Jean Genet dizia que a arte não é para os Homens do futuro mas sim para o imenso povo dos mortos. (...) O espaço intercalar é a morte. Mencionaste a esfera. Ela é para mim como um sol negro; quando a expus a primeira vez em Jena, chamei-lhe "Amanhecer", como se de madrugada aparecesse um sol negro. Para mim não existe Beleza sem as marcas da morte. A morte é o que nos mantém acordados. A consciência da morte, a consciência da ferida mantém-nos em vida, deixa-nos despertos. (...) Separação talvez de um mundo muito antigo; neste sentido o meu trabalho é melancólico. Porque fala da morte e da separação, de um mundo que se afundou. Esta consciência faz-nos acordar.»[42]

«A morte eleva os nossos actos ao nível da poesia.»[43]

NOITE

«De madrugada, depois da escuridão que tudo iluminou (mesmo o que nunca pensámos chegar a ver), toma-nos o medo de regressar ao conforto, ao aborrecimento, ao vazio assustador. A noite tem de ser prolongada para o dia não nos devorar a alma: "A noite dissolve os corpos, o dia dissolve a alma". Gosto muito dos dias nocturnos.»[44]

«Tem de ser uma viagem ao interior da luz.»[45]

OBJETO

«Nunca é a matéria que me interessa, mas sempre, e apenas, a possibilidade de demonstração de uma ideia através da utilização de imagens e esquemas humanos (a tradição da arte: de Dante a Beckett, de Tilman Riemenschneider a P.O. Runge). Não acredito na matéria, só na ideia. Não acredito nos objectos, só na esperança do objecto. O objecto é necessário para provar a sua não-existência. A matéria é errada e suja e uma escultura é apenas uma hipótese; não é um momento absoluto, é apenas um exemplo. Um objecto é apenas uma ausência, não se pode acreditar nele. Em Tarkovsky, P.O. Runge, Novalis, Beckett, G. Benn, C.D. Friedrich, é sempre a ideia, sempre a luz, não o peso.»[46]

«Um pouco como as figuras de Giacometti, que são tumultos de forças, de dúvida e de medo, o que se passa com os meus objectos é que não são objectos, são catalisadores de forças, podíamos chamar-lhes talismãs.»[47]

«Procurava uma forma que exprimisse o facto de eu não acreditar no objecto. O que me trouxe ao ferro foi na verdade o pensamento de que quem trabalha com o ferro também trabalha com o fogo.»[48]

«Fazer peças em matéria pesada para provar que essa matéria pesada não existe; é um dos paradoxos (...) de facto, as peças partem de um material extremamente físico que é o ferro, o aço, mas retiro-lhes sempre essa aparência, isto é elas são neutralizadas com o cinzento ou o negro, o que apaga também as marcas do próprio trabalho. É uma desmaterialização que pode também ser lida na suspensão das peças, muito improvável para objectos em ferro, uma desmaterialização que depois se liga também com o desenho.»[49]

«Não sou um produtor de objectos por acreditar em objectos, sou um produtor de objectos porque não sei fazer mais nada (...) mas recuso o estatuto de objecto como resultado insubstituível.»[50]

SOLIDÃO

«Vejo o meu atelier como o de Alberto Giacometti ou de Georges Rouault. É com essa noção de isolamento e de disciplina (fora do tempo e da contemporaneidade) que sempre me identifiquei. Inevitavelmente, isso significa também solidão.»[51]

TEMPO

«(...) os artistas que me interessam e nos quais acredito, são artistas (arquitectos, escultores, cineastas) ou poetas cujo principal desejo (e necessidade) é parar o tempo. Portanto apresentam um ponto de resistência. Sem resistência não existe arte. A arte tem de resistir (até ao seu próprio criador).»[52]

«O tempo assume ainda um outro papel: o de criar distância. Acontece-me por vezes que, ao ver o meu trabalho numa exposição, me parece tão alheio como se nem tivesse sido feito por mim. Também acontece uma identificação ao contrário: somente muitos anos depois, como se apenas com o tempo eu compreendesse o que fiz.»[53]

«Gosto das quatro estações...»[54]

«Talvez nunca decifremos o segredo do tempo que passa, nunca encontremos uma resposta. Também um dia a pele quente, percorrida pela discreta e enigmática palpitação das veias, a pele onde repousa suavemente o medo do de ter medo, se converterá numa belíssima teia de linhas que contarão a longa história de uma vida: a história de todos os caminhos, desvios e interrupções, a memória da dor mas também a memória da paz e do regresso, da descoberta e do espanto. Depois ela virá a transformar-se num pólen que, levado pelo vento, espalhará a floração das memórias e dos segredos.»[55]

«Em relação ao meu trabalho, não tenho nem posso ter nenhuma pressa. O tempo é o meu único amigo.»[56]

TRANSCENDÊNCIA E REDUÇÃO

«Parto de uma redução e daí chego à seguinte situação: quero criar pontos baços, foscos e ásperos, que não resvalem e não possuam nada de entretenimento. Quero resistir a este mundo digital, colorido, transparente, escorregadio. Pretendo com isto dizer que tento estabelecer uma estratégia da lentidão contra uma estratégia da aceleração, uma estratégia do peso contra uma estratégia da leveza. É este o meu ponto de transcendência e, a partir daqui, pode começar a viagem. É o ponto da absoluta paragem. (...) acredito que a transcendência não tem outro significado a não ser o de mostrar ou pressentir algo que não está aqui. E penso que a redução enquanto processo de trabalho ou de pensamento, pode efectivamente conduzir ao abrir de uma porta nesta fronteira, seja em que plano for, religioso ou artístico, existem muitos caminhos.»[57]

VERTICALIDADE

«A minha escultura, e nomeadamente desde que passei a usar o ferro, sempre foi próxima da arte gótica, portanto relacionada com aquela ideia de uma Europa triste e vertical.»[58]

«Na verdade, pensando no século XX, o artista que mais me interessa é, sem dúvida, Alberto Giacometti. Só ele conseguiu continuar, de forma válida, a tradição europeia da verticalidade, abrindo furos na linguagem e apresentando apenas o vazio, a casca (tal como o fez Samuel Beckett, na literatura). É o único artista moderno cuja obra, quando a vejo ao vivo, me comove realmente, me emociona. (...) É muito mais que uma questão formal. Quando falo de "pensamento vertical", refiro-me a artistas com uma obra e um conhecimento compacto, sem brechas nem frinchas, inteiros e sábios (...) pelo contrário o "pensamento horizontal" é cheio de fragmentos, de buracos, de espaços ocos, sem hierarquias... tudo é válido e de qualquer maneira. Não quero pertencer a este tempo que para além de uma crise económica é atravessado sobretudo por uma crise de pensamento vertical. Sempre acreditei em valores antigos e eternos, de forte consistência; penso que é necessário ter "bravura, nobreza e entrega" para poder ter acesso à beleza. Acredito num mundo "antigo mas sempre numa encruzilhada" um pouco à Ernst Junger ou à Robert Musil...»[59]

VAZIO

«Abandonar os objectos ao Mundo, como flores ou órgãos, dispersos pelo Mundo: é essa a sua colocação. É preciso cultivar o espaço bruto, só assim escreveremos o poema final. Há um vácuo espantoso que é necessário preencher. Deambulamos num mundo literalmente vazio, no espaço que fica entre corpos e ideias, nomes e objectos sem sentido, nos interstícios das ausências. Como preencher este horrível vazio? (...) Somos minúsculos ao nascer. O corpo será pequeno e solitário ao morrer. O lugar, o invólucro de um abismo. O lugar geométrico de apenas uma ausência. Fardos e pesos, túmulos e berços. Envolvências, prisões. Objectos que nos encerram ou que trazemos, pesados, aos ombros. Fomos enterrados vivos no Mundo, presos em nossas caixas, em nossas roupas: o lugar do corpo, tamanhos diferentes. O mesmo vazio.»[60]

«O vazio é absoluto e só poderá ser preenchido com a Verdade, a Beleza, a Identidade, a Consciência do Nada e do próprio Vazio. Só o Vazio e a Forma são Universais. O resto é pó.»[61]

«A arte será sempre uma linguagem do Vazio. O Vazio pode ser, ao mesmo tempo, o inferno mais estéril ou o único campo possível onde poderemos depositar uma forma, uma cor, uma palavra, um som, pouco mais. Esse vazio só poderá ser preenchido com a verdade e a beleza.»

«Interessa-me uma arte que resista à interpretação e ao simbolismo, uma arte que nunca deixe de ser uma proposição poética. Não é só o que se vê, é sobretudo o que não se vê. Está lá tudo, atrás e dentro de nós, o visível e o invisível... e o Vazio, que é tudo o que temos.»[62]

1 — Conversa entre Rui Chafes, Pedro Costa, Catherine David e João Fernandes, in *Fora/Out*. Porto: Museu de Serralves, 2007, p. 155.

2 — Conversa entre Doris von Drathen e Rui Chafes (2001), in Rui Chafes, *O Silêncio de...* Lisboa: Assírio & Alvim, 2006, p. 157.

3 — Rui Chafes, «O perfume das buganvílias», in *Entre o Céu e a Terra*, Lisboa: Sistema Solar, 2012, p. 60.

4 — Entrevista a Rui Chafes realizada por Rui Jorge Martins. Secretariado Nacional da Pastoral da Cultura, 2016, consultado em: www.snpcultura.org

5 — Rui Chafes, «A paisagem vazia» (1992), in Rui Chafes, *O Silêncio de...* Lisboa: Assírio & Alvim, 2006, p. 41.

6 — «Uma dança de ferro contra a morte», entrevista por Nuno Crespo e Vanessa Rato (2004), in Rui Chafes, *O Silêncio de...* Lisboa: Assírio & Alvim, 2006, p. 165.

7 — Rui Chafes, *Sob a pele, conversas com Sara Antónia Matos*. Lisboa: Atelier-Museu Júlio Pomar, 2015, pp. 122-123.

8 — Conversa entre Rui Chafes, Delfim Sardo e Nuno Faria, in *Diários | Rui Chafes*. Lisboa: Pierre von Kleist Editions, 2022, pp. 4, 7.

9 — «A história da minha vida», in *Carne Misteriosa, Rui Chafes*. Rio de Janeiro: Museu de Arte Moderna, 2013, p. 11.

10 — Conversa entre Doris von Drathen e Rui Chafes (2001), in Rui Chafes, *O Silêncio de...* Lisboa: Assírio & Alvim, 2006, p. 152.

11 — «Sou como tu/Miguel Amado e Rui Chafes», in *Sou como tu*. Lisboa: Fundação PLMJ, 2008, p. 13.

12 — Discurso de Rui Chafes na entrega do prémio AICA, 21 de outubro de 2022.

13 — Rui Chafes, «Talvez» (1998), in Rui Chafes, *O Silêncio de...* Lisboa: Assírio & Alvim, 2006, p. 59.

14 — Conversa entre Rui Chafes, Pedro Costa, Catherine David e João Fernandes, in *Fora/Out*. Porto: Museu de Serralves, 2007, pp. 109, 111.

15 — Rui Chafes, «Talvez» (1998), in Rui Chafes, *O Silêncio de...* Lisboa: Assírio & Alvim, 2006, p. 60.

16 — «Sou como tu/Miguel Amado e Rui Chafes», in *Sou como tu*. Lisboa: Fundação PLMJ, 2008, p. 11.

17 — Discurso de Rui Chafes na entrega do Prémio Pessoa, 15 de abril de 2016.

18 — Conversa entre Doris von Drathen e Rui Chafes (2001), in Rui Chafes, *O Silêncio de...* Lisboa: Assírio & Alvim, 2006, p. 159.

19 — Discurso de Rui Chafes na entrega do Prémio Pessoa, 15 de abril de 2016.

20 — Rui Chafes, «O perfume das buganvílias», in *Entre o Céu e a Terra*. Lisboa: Sistema Solar, 2012, p. 61.

21 — Rui Chafes, «O perfume das buganvílias», in *Entre o Céu e a Terra*. Lisboa: Sistema Solar, 2012, p. 53.

22 — Rui Chafes, «Durante o Fim» (2000), in *Rui Chafes, O Silêncio de...* Lisboa: Assírio & Alvim, 2000, p. 19.

23 — Rui Chafes, «Durante o Fim» (2000), in *Rui Chafes, O Silêncio de...* Lisboa: Assírio & Alvim, 2006, p. 70.

24 — Conversa entre Marcio Doctors e Rui Chafes realizada em Lisboa, em julho de 2007, in *Projecto Respiração NOCTURNO*. Rio de Janeiro: Fundação Eva Kablin, 2008, p. 104.

25 — Rui Chafes, «Durante o Fim» (2000), in *Rui Chafes, O Silêncio de...* Lisboa: Assírio & Alvim, 2006, p. 70.

26 — Conversa entre Doris von Drathen e Rui Chafes (2001), in Rui Chafes, *O Silêncio de...* Lisboa: Assírio & Alvim, 2006, p. 159.

27 — «Uma espécie de pureza na catástrofe», entrevista por Alexandra Lucas Coelho (2000), in Rui Chafes, *O Silêncio de...* Lisboa: Assírio & Alvim, 2006, p. 141.

28 — Rui Chafes, «O perfume das buganvílias», in *Entre o Céu e a Terra*. Lisboa: Sistema Solar, 2012, p. 51.

29 — Rui Chafes, in *Durante o Fim*, filme de João Trabulo, 2003.

30 — Conversa entre Doris von Drathen e Rui Chafes (2001), in Rui Chafes, *O Silêncio de...* Lisboa: Assírio & Alvim, 2006, p. 154.

31 — Conversa entre Rui Chafes, Pedro Costa, Catherine David e João Fernandes, in *Fora/Out*. Porto: Museu de Serralves, 2007, p. 57.

32 — «Uma espécie de pureza na catástrofe», entrevista por Alexandra Lucas Coelho (2000), in Rui Chafes, *O Silêncio de...* Lisboa: Assírio & Alvim, 2006, p. 139.

33 — Conversa entre Rui Chafes, Pedro Costa, Catherine David e João Fernandes, in *Fora/Out*. Porto: Museu de Serralves, 2007, p. 151.

34 — Conversa entre Rui Chafes, Pedro Costa, Catherine David e João Fernandes, in *Fora/Out*. Porto: Museu de Serralves, 2007, p. 89.

35 — Rui Chafes, *Sob a pele, conversas com Sara Antónia Matos*. Lisboa: Atelier-Museu Júlio Pomar, 2015, p. 170.

36 — Rui Chafes, in *Durante o Fim*, filme de João Trabulo, 2003, in Rui Chafes, *O Silêncio de...* Lisboa: Assírio & Alvim, 2006, p. 94.

37 — Rui Chafes, *Sob a pele, conversas com Sara Antónia Matos*. Lisboa: Atelier-Museu Júlio Pomar, 2015, pp. 30-31.

38 — Rui Chafes, «Talvez» (1998), in Rui Chafes, *O Silêncio de...* Lisboa: Assírio & Alvim, 2006, p. 60.

39 — Discurso de Rui Chafes na entrega do Prémio Pessoa, 15 de abril de 2016.

40 — Discurso de Rui Chafes na entrega do prémio AICA, 21 de outubro de 2022.

41 — Conversa entre Doris von Drathen e Rui Chafes (2001), in Rui Chafes, *O Silêncio de...* Lisboa: Assírio & Alvim, 2006, pp. 158-159.

42 — Conversa entre Doris von Drathen e Rui Chafes (2001), in Rui Chafes, *O Silêncio de...* Lisboa: Assírio & Alvim, 2006, pp. 154-155.

43 — Rui Chafes, «A Vocação do Medo» (1990), in Rui Chafes, *O Silêncio de...* Lisboa: Assírio & Alvim, 2006, p. 29.

44 — Rui Chafes, «O perfume das buganvílias», in *Entre o Céu e a Terra*. Lisboa: Sistema Solar, 2012.

45 — Discurso de Rui Chafes na entrega do prémio AICA, 21 de outubro de 2022.

46 — Rui Chafes, «A paisagem vazia» (1992), in Rui Chafes, *O Silêncio de...* Lisboa: Assírio & Alvim, 2006, p. 41.

47 — Entrevista por António Guerreiro, 1997, in Rui Chafes, *O Silêncio de...* Lisboa: Assírio & Alvim, 2006, p. 130.

48 — Conversa entre Doris von Drathen e Rui Chafes (2001), in Rui Chafes, *O Silêncio de...* Lisboa: Assírio & Alvim, 2006, p. 153.

49 — «De gestos e rasuras», entrevista a Rui Chafes realizada por José Sousa Machado e Pedro Teixeira Neves (2000), in Rui Chafes, *O Silêncio de...* Lisboa: Assírio & Alvim, 2006, p. 147.

50 — Conversa entre Márcio Doctors e Rui Chafes realizada em Lisboa, em julho de 2007, in *Projecto Respiração NOCTURNO*. Rio de Janeiro: Fundação Eva Kablin, 2008, p. 140.

51 — Rui Chafes, *Sob a pele, conversas com Sara Antónia Matos*. Lisboa: Atelier-Museu Júlio Pomar, 2015, p. 63.

52 — Conversa entre Marcio Doctors e Rui Chafes realizada em Lisboa, em julho de 2007, in *Projecto Respiração NOCTURNO*. Rio de Janeiro: Fundação Eva Kablin, 2008, p. 124.

53 — Conversa entre Doris von Drathen e Rui Chafes (2001), in Rui Chafes, *O Silêncio de...* Lisboa: Assírio & Alvim, 2006, p. 158

54 — Discurso de Rui Chafes na entrega do prémio AICA, 21 de outubro de 2022.

55 — «O Silêncio de...», in Rui Chafes, *O Silêncio de...* Lisboa: Assírio & Alvim, 2006, p. 23.

56 — Rui Chafes, in *Durante o Fim*, filme de João Trabulo, 2003, in Rui Chafes, *O Silêncio de...* Lisboa: Assírio & Alvim, 2006, p. 94.

57 — Conversa entre Doris von Drathen e Rui Chafes (2001), in Rui Chafes, *O Silêncio de...* Lisboa: Assírio & Alvim, 2006, p. 157.

58 — «De gestos e rasuras», entrevista a Rui Chafes realizada por José Sousa Machado e Pedro Teixeira Neves (2000), in Rui Chafes, *O Silêncio de...* Lisboa: Assírio & Alvim, 2006, p. 148.

59 — Rui Chafes, *Sob a pele, conversas com Sara Antónia Matos*. Lisboa: Atelier-Museu Júlio Pomar, 2015, pp. 28, 34.

60 — Rui Chafes, «A Vocação do Medo» (1990), in Rui Chafes, *O Silêncio de...* Lisboa: Assírio & Alvim, 2006, pp. 28-29.

61 — «Nascidos noutro lugar», entrevista a Rui Chafes realizada por Alexandre Melo, in Rui Chafes, *O Silêncio de...* Lisboa: Assírio & Alvim, 2006, p. 119.

62 — Discurso de Rui Chafes na entrega do Prémio Pessoa, 15 de abril de 2016.

LEXICON

Selection of excerpts from texts and interviews with Rui Chafes compiled by Helena de Freitas in 2018. This was edited and augmented in 2022 with the collaboration of Vera Barreto.

'For example, when one sees a sculpture by Giacometti, one sees an entire city in each fingertip he leaves in the clay. It's not only a bit of bronze: on it is everything that each gesture brings with it—this is for me the ambition, the devotion to sculpture.'

— Conversation between Rui Chafes, Pedro Costa, Catherine David, and João Fernandes, in Fora/Out. *Porto: Museu de Serralves, 2007, p. 143.*

'There might be forty million artists, but there'll only ever be one Giacometti, one Pasolini, one Jean Genet and one Chaplin. I'm interested in artists who carry a world with them, who build a concrete, strong, solid path, with a beginning, middle and end, and with deep thought. I'm interested in depth, the relationship between top and bottom, verticality, the relationship between heaven and earth.'

— Conversation between Marcio Doctors and Rui Chafes, Lisbon, July 2007, in Projecto Respiração NOCTURNO. *Rio de Janeiro: Fundação Eva Kablin, 2008, p. 126.*

APPARITION

'There is no art without transformation: transformation of its own nature into another nature, one substance into another, one thing into another. It's also a revelation, always, a revelation of something hidden. In art, that which is hidden is always more important and greater than that which is displayed. It's not an evocation but rather the presentation of absence or something which lies beyond or behind the object. I see art a bit like an apparition, in the sense that one sees for the first time something that didn't exist in the world before. Art should induce the amazement of the first gaze, the first vision.' [1]

'The question which arises for me is how can a sculpture work in a space in such a way that this creates an opening to another world, effectively a liberation from everyday life. (...) I believe that art is always about the possibility of awakening in the viewer a presentiment of another world.' [2]

'Art has to be a declaration of love. It must offer the same emotion and dazzle each time we look at it: the revelation, the emotion, the expectation, the communion and the transformation, endlessly.' [3]

ASCENT

'I realised that ascent is the result of effort, of our own weight. And (...) the piece is probably not rising but falling, ascent and descent are alike.' [4]

BEAUTY

'What is true is beautiful and should therefore be worked with rigour and hardship to produce beauty and truth. In the deep void only the idea has form. The noblest thing that art can create is "the image of the idea" itself (what Runge called "the allegory of God") and it can only be found inside of us.' [5]

DEATH

'(...) I believe that art is always related to death. Whoever makes art, speaks of death. Jean Genet said that art is not for future generations but for the innumerable people of the dead (...) The space in between is death. You mentioned the sphere. I see it as a black sun; when I exhibited it for the first time in Jena, I called it "Dawn", as if it were a black sun rising in the morning. For me, beauty doesn't exist without the marks of death. Death is what keeps us awake. Awareness of death, awareness of pain, keeps us alive, makes us alert. (...) Separation perhaps from an ancient world; in this respect my work is melancholic. Because it speaks of death and of separation, of a world that has gone under. This awareness wakes us up.' [6]

'Death elevates our acts to the level of poetry.' [7]

DISCONTINUITY

'I was born in 1266 in a small village, which no longer exists, in Franconia, Bavaria.' [8]

DISSATISFACTION

'In his small studio, Alberto Giacometti could not help but starting over and over again, trying, failing and starting again (...) Art is always a disappointment, it makes no promises. However, its secret ambition is enormous: to make time stop.' [9]

'I believe that good art, strong art, is that which promises nothing, which leads inevitably to disillusionment. Weak art stages, suggests and promises.' [10]

DRAWING

'Drawing is the most intimate artistic form, the one that is closest and most direct to me. It is a language with almost no technological intermediary. It may not seem like it, but all the drawings I make serve for sculpture.' [11]

'What characterises a draughtsman is their ability to look, not their ability to draw. To look at the world and steal images from it. It's cerebral, isn't it? (...) My drawing requires observation time, precisely because of the layers involved, but I'd say that the drawing can be not-seen. I often use very light pencils that make the inscription almost invisible and, as a result, the drawing works more by suggestion. Something seems to emerge but you can't see all of it. Or rather, the drawing is there, but you must look for it, search for it. I mostly draw flowers...' [12]

'The process of drawing by hand with a pencil and the process of writing are the same for me. Ideas flow visually or verbally in a completely intimate way.'

'I didn't do those drawings (Nie Wieder, 1990) *out of idolatry or any form of heroism; I did them out of closeness, out of intimacy, and because deep down I wanted to look them in the eye. But any portrait (...) is exactly that, a character looking us in the eye across the centuries.'* [13]

ELEVATION
'For me, weight is also a theme. But I'm interested in the apparent inversion. Despite their heaviness, most of my works don't touch the floor; they're hung from the ceiling or on the wall. I erase the marks of the work and hide the material. The iron ball with its iron ribbons is, for me, the culmination of many years of work.' [14]

'Transforming iron into lightness and transparency involves, for example, thoroughly observing the wing movement of a bird in flight. I do what I do because I believe that this material is an emanation of energy. It's about life: earth, magma and fire, as fire is what's used to shape iron (...). In the context of history of art, it would be interesting to analyse the sculptural production of the twentieth century and understand how it is that, through a given language, elevation is invoked with its opposite. For example, with the material disintegration of Alberto Giacometti or, after minimalism, with the proposals of Richard Serra, Carl André and Robert Morris.' [15]

'Nothing interests me more in sculpture than turning a stone into a wing, a piece of iron into a breath.' [16]

ETHIC
'(...) the artist brings with them the word. They have special knowledge; they have something to give. Beuys spoke of a flame that must be passed on (...) I think art cures and purifies humankind in catastrophe. Humankind cannot survive without hope and without dignity. Artists, with their peculiar awareness of time and of the world, see things earlier. They are a kind of marginalised voice. I have to believe in this, or it wouldn't make any sense, for me, to make art.' [17]

'I believe that the artist expresses the spiritual instinct of humanity; they convey the tension of humankind in relation to the eternal or to some form of transcendence. Art carries with it a nostalgia for the ideal and inevitably expresses its pursuit. The artist, in their movement towards the ideal, disrupts the stability of a society. Society aspires to stability; the artist aspires to the infinite. This is the responsibility of the artist and the spiritual sacrifice that is required of them: with their awareness and their rigorous search for momentary absolute truth, they see things before others and offer them to the world even if, at times, they may seem only open and vulnerable wounds. Art raises doubts; it creates disturbances. It is the awareness of memory and of the emotional structure of a space. In this position of immense responsibility, the artist must have an extreme and scrupulous work ethic.' [18]

'Art is the hard work of our soul. The story of an artist's soul is hard, difficult, sometimes unpleasant.' [19]

'We can only offer what fits in our hand.' [20]

FORM
'Superior to man is form, which is the highest way of transmitting any mode of thought, and the artist may be the voice of that form. That's why the artist has to be modest; he can't project all his personal problems and interests onto his work. Reality, the real world, doesn't interest me. Everything I do is invented. I believe, like Oscar Wilde, that art must be a lie, a constructed world, absolutely artificial.' [21]

IRRADIATION/VIBRATION
'For me, what's important is radiation, the energy an object has; it's there that my work resides (...) I'm interested in an object's soul. I think of art as a transmission of energies. Art manages to awaken in humankind hidden forces that cannot be reasonably explained; this is what I believe in. Art is a catalyst. There is no art without transformation. My sculptures are modules of thought for me and, possibly, also for others.' [22]

MASK
'A central and recurring theme in my work is pain, specifically pain as a metaphor for the body. The mask is more; it's a substantial part of my work. Even technically, I have to work with it. The work in itself is a mask, because it hides the material and works with illusion. Then the interior and the exterior face also frequently appear, or at least the interior and exterior sides of a sculpture. (...) But what I show are both faces simultaneously. What interests me about people too is what is hidden behind the faces they display—those smiling faces which attack, which can kill. Few people's interior and exterior faces are exactly the same. The mask is the most important weapon. And art can begin there; disillusionment can be created there like a cut.' [23]

NIGHT
'At dawn, after the darkness that has illuminated everything (even what we never thought we'd see), we are taken by the fear of returning to comfort, to boredom, to the terrifying void. Night must be prolonged so that day doesn't devour our soul: "Night dissolves bodies; day dissolves the soul." I really like nocturnal days.' [24]

'It has to be a journey into the interior of light.' [25]

OBJECT
'It's never matter that interests me, but always, and only, the possibility of demonstrating an idea through the use of images and human models (the tradition of art: from Dante to Beckett, from Tilman Riemenschneider to P.O. Runge). I don't believe in matter, only in the idea. I don't believe in objects, only in the hope of the object. The object is necessary to prove its non-existence. Matter is wrong and dirty and a sculpture is only a possibility. It isn't an absolute moment; it's just an example. An object is just an absence; you can't believe in it. In Tarkowsky, P.O. Runge, Novalis, Beckett, G. Benn, C.D. Friedrich, it is always the idea, always light, not weight.' [26]

'A bit like Giacometti's figures, which are tumults of forces, doubt and fear, my objects are not objects but catalysts of forces. We could call them talismans.' [27]

'I was looking for a form that would express the fact I didn't believe in the object. What led me to iron was actually the thought that whoever works with iron also works with fire.' [28]

'Making pieces out of heavy matter to prove that this heavy matter doesn't exist; it's one of the paradoxes (…) indeed, the pieces start out as an extremely physical material that is iron, steel, but I always remove this aspect of them, that is, they're neutralised with grey or black, which also erases the marks of the work itself. It's a dematerialisation that also comes across in the suspension of the pieces, very rare for objects made out of iron, a dematerialisation that is then also connected to drawing.' [29]

'I'm not a producer of objects because I believe in objects; I'm a producer of objects because I don't know how to do anything else (…) but I reject the status of the object as an irreplaceable result.' [30]

SLOWNESS/RESISTANCE

'I have the impression that you can only build a work with another artist if both have very defined, very resistant contours. The two works can work together, but within that resistance. It's very important for me to see clearly defined and resistant contours, only then can I place my work alongside another. (…) From there, we'll see if something "other" will be born, for us and for others.' [31]

'My sculpture is a rough, dull, grainy work, so as not to slip in this transparent, translucent and colourful world. In that sense, my work is a bit alien. Not anachronistic, but a step forward so as not to slip.' [32]

'I'm not at all interested in that quick and superficial aesthetic, full of fun and banal ideas. I have a need for another time, for something else that is slower, closer to silence, shadow, pain, beauty and the impossibility of beauty, the suspension of time, solitude, incommunicability.' [33]

'The key word, for me, is always "resistance." For me, resisting (work, time, the public, failures) is the most important quality in an artist. To resist and to fight. It's also necessary that the work resists us as well. Only in this way we can know if it is a good work. Resistance is also the only way to defend our solitude: my solitude is the only way to move forward.' [34]

'I increasingly have the sensation that, in the studio, I move like an iguana, very slowly, breathing slowly, walking very slowly. I try to make thought and movement coincide.' [35]

'Of course, it may give the impression that I am outside modernism, outside contemporaneity, outside my generation (whatever that means). (…) My work is based on terms and principles that seem to be absolutely ignored by contemporaneity: silence, pain, death, serenity, the suspension of time, the stopping of time in the midst of haste.' [36]

'Effective sharing requires a lot of time. It is difficult and slow. (…) For me, time is slow and dense. The art that interests me is slow, dense and rough. It resists frivolous acceleration. The excess of information to which we have access has transformed our ability to see and apprehend the world: people consume images at a high speed, without really seeing them, as if they were running their finger across the tablet screen, always moving on to the next one. But it is essential to learn to see, to interrupt this superficial race for images. (…) We must believe in an art that is capable of challenging the current superficiality of human civilisation.' [37]

'Viewed through the lens of time, the two artists (Giacometti and Beuys) were those who managed to establish a valid and solid language of resistance that could face up to the vitality, radicality, innovation and capacity for affirmation.' [38]

'The problem is that we live in a time of distraction and acceleration; a time of impatience and search for the immediate; a time with no time for revelation; a time with no time for time. That's why I do work that is slow, which uses a language of slowness. I try to stop time and listen to the silence of the world.' [39]

'I carefully advanced over an icy lake, knowing there was no ground under my feet, always afraid that this thin layer of ice would break…' [40]

SOLITUDE

'I see my studio like that of Alberto Giacometti or Georges Rouault. It's with this (outdated and anachronous) notion of isolation and discipline that I have always identified. Inevitably, this also means solitude.' [41]

SPACE

'Giacometti followed a path of negation, of reduction, of austerity and asceticism, of discretion, that led him to create a scorched space. Space is the matter of his sculpture: more than empty wrappers, his figures are spaces or impossibilities of occupying space. Here, he presents evidence of the Human stripped bare of individual qualities, the Human made into a locality, a place, a space. The Human destroyed, pierced, dissected, drained.' [42]

'My work is different: I build objects for a utopian space, a mental space, which sometimes coincides with real space, or sometimes (…) with a confrontation with other works.' 'I only present empty spaces, echoes and remains.' [43]

'The work of both (Giacometti and Beckett), with their radical reduction of Human fear into a frighteningly definitive world of corroded shadows, are forms of desperate humanism and among the most important works of this century—not for their formal reductions but for establishing the negative space as a form. The artist gives us a testimony of what is possible to him. Just that.' [44]

SPIRITUALITY

'In my view, sculpture in general and public sculpture in particular refer to the spiritual dimension of humanity. Thus, its role is to elevate people. In a hypothetical spiritual hierarchy, of participation in the absolute, most people are attached to matter. In modern everyday life, material gains have superseded spiritual commitment. The human being increasingly forgets spiritual liberation and holds on to material values, to mundane existence. This phenomenon, in my opinion, represents not an evolution but an involution of humanity. So sculpture, as I see it, and the sculpture that interests me—like religious sculpture, whether it be Hindu, or medieval, French or German, for example—is what allows people to take weight off their feet and head, a convocation to elevation.' [45]

'There must be a unique and higher meaning behind each blade of grass, each flower, each cloud passing overhead or child born. There is no doubt that it is necessary to recreate and renew that nostalgia, making it contemporary.' [46]

TIME

'(…) the artists who interest me and who I believe in are artists (architects, sculptors, filmmakers) or poets whose main desire (and need) is to stop time. So they offer a point of

resistance. Without resistance there is no art. Art must resist (even its own creator).'[47]

'Time assumes yet another role: that of creating distance. It happens to me sometimes that, when I see my work in an exhibition, it seems so alien to me as if it hadn't even been done by me. There is also a reverse identification: only many years later do I understand what I have done.'[48]

'I like all four seasons...'[49]

'Perhaps we will never decipher the secret of passing time, never find an answer. Perhaps some day the warm skin, traversed by the discreet and enigmatic palpitation of veins, the skin where the fear of being afraid gently rests, will become a beautiful web of lines that will tell the long story of a life: the story of all the paths, detours and interruptions, the memory of pain but also the memory of peace and return, of discovery and amazement. Then it will turn into a pollen that, carried by the wind, will disperse a flowering of memories and secrets.'[50]

'Regarding my work, I am not and cannot be in any hurry. Time is my only friend.'[51]

TRANSCENDENCE AND REDUCTION

'I start with a reduction and end up in the following situation: I want to create dull, frosted, rough spots that are immobile and not in the least entertaining. I want to resist this digital, colourful, transparent, slippery world. By this I mean that I am trying to create a strategy of slowness against a strategy of acceleration, a strategy of weight against a strategy of lightness. This is my point of transcendence and, from here, the journey can begin. It's the point of absolute standstill. (...) I believe that transcendence has no other meaning than showing or sensing something that is not here. And I think that reduction, as a work or thought process, can actually lead to the opening of a door on this frontier, whatever the plane, religious or artistic; there are many paths.'[52]

VERTICALITY

'My sculpture, specifically since I started using iron, has always been similar to Gothic art, and thus relates to this idea of a sad, vertical Europe.'[53]

'In fact, thinking about the twentieth century, the artist who most interests me is, without a doubt, Alberto Giacometti. He is the only one who has genuinely managed to continue the European tradition of verticality, boring holes in language and presenting only the void, the shell (as Samuel Beckett did, in literature). He is the only modern artist whose work, when I see it in person, really moves and thrills me. (...) It's much more than a question of form. When I speak of "vertical thought", I'm referring to artists with a compact work and knowledge, without cracks or crevices, whole and wise (...) "horizontal thought", on the other hand, is full of fragments, holes, empty spaces, without hierarchies... Everything is valid by any means.I don't want to belong to this time that in addition to an economic crisis is characterised above all by a crisis of vertical thought. I've always believed in ancient and eternal values, of strong consistency; I think we need to have "courage, magnanimity and dedication" to be able to access beauty. I believe in a world that is "ancient but always at a crossroads", a little like Ernst Junger and Robert Musil...'[54]

VOID

'To abandon objects to the world, like flowers or organs, scattered across the world: this is their placement. We need to cultivate raw space; only then will we write the final poem. There's an astonishing vacuum that must be filled. We wander in a world that is literally empty, in the space between bodies and ideas, names and meaningless objects, in the interstices of absences. How do we fill this horrible void? (...) We are minuscule when we are born. Our body will be small and solitary when we die. The place, the wrapping of an abyss. The geometric place of only an absence. Burdens and weights, tombs and cradles. Environments, prisons. Objects that contain us or that we carry, heavy, on our shoulders. We were buried alive in the world, stuck in our boxes, in our clothes: the place of the body, different sizes. The same void.'[55]

'The void is absolute and can only be filled with truth, beauty, identity, awareness of the nothing and of the void itself. Only the void and the form are universal. The rest is dust.'[56]

'Art will always be a language of the void. The void can be, at the same time, the most sterile hell or the only possible field where we can deposit a form, a colour, a word, a sound, little else. This void can only be filled with truth and beauty.'

'I am interested in an art that resists interpretation and symbolism; an art that never ceases to be a poetic proposition. It's not only what you see, but especially what you don't see. Everything is there, behind and within us, the visible and the invisible...and the Emptiness, which is all we have.'[57]

WOUND

'I carry you inside me like a wound (...)'[58]

'The work of the knives. Here one sees minute interventions of black iron, discreet as cuts and scars. Darkness, concealment, intimacy that cannot be violated, cracks, narrow fissures, empty prisons. Entrances too narrow to penetrate the darkness of the earth, the darkness of the body.'[59]

'These wounds that are an intervention in matter, in iron, have much more to do with the idea of a wound that won't heal, of a wound that everyone has inside of them. It's not so much the idea of suffering or injury in others, but rather the idea of each person having from birth, and carrying with them, a wound that won't heal. Isn't it true? It's a little like the story of Amfortas, in Parsifal, a wound that never healed... In Pena Palace, the sculptures were like wounds, cuts made with a knife. The gesture of cutting with a knife, be it a bench, a body or a box, this gesture of cutting also has a very strong relationship with the way we experience the world.'[60]

'What blade opened those wounds that do not speak? What cold, pure, crystalline blade?'[61]

'My sculptures are always like a knife we carry in our pocket; they're not really monuments.'[62]

1 — Conversation between Rui Chafes, Pedro Costa, Catherine David, and João Fernandes, in Fora/Out. *Porto: Museu de Serralves, 2007, p. 155.*

2 — Conversation between Doris von Drathen and Rui Chafes (2001), in Rui Chafes, O Silêncio de... *Lisbon: Assírio & Alvim, 2006, p. 157.*

3 — Rui Chafes, 'O perfume das buganvílias', in Entre o Céu e a Terra, *Lisbon: Sistema Solar, 2012, p. 60.*

4 — Rui Chafes interviewed by Rui Jorge Martins. Secretariado Nacional da Pastoral da Cultura, 2016, accessed at: www.snpcultura.org

5 — Rui Chafes, 'A paisagem vazia' (1992), in Rui Chafes, O Silêncio de... *Lisbon: Assírio & Alvim, 2006, p. 41.*

6 — Conversation between Doris von Drathen and Rui Chafes (2001), published in Rui Chafes, O Silêncio de... *Lisbon: Assírio & Alvim, 2006, pp. 154–155.*

7 — Rui Chafes, 'A Vocação do Medo' (1990), in Rui Chafes, O Silêncio de... *Lisbon: Assírio & Alvim, 2006, p. 29.*

8 — 'A história da minha vida', in Carne Misteriosa, Rui Chafes. *Rio de Janeiro: Museu de Arte Moderna, 2013, p. 11.*

9 — Rui Chafes, 'O perfume das buganvílias', in Entre o Céu e a Terra. *Lisbon: Sistema Solar, 2012, p. 51.*

10 — Rui Chafes, in Durante o Fim, *film by João Trabulo, 2003.*

11 — 'Uma dança de ferro contra a morte', interview by Nuno Crespo and Vanessa Rato (2004), in Rui Chafes, O Silêncio de... *Lisbon: Assírio & Alvim, 2006, p. 165.*

12 — Rui Chafes, Sob a pele, conversas com Sara Antónia Matos. *Lisbon: Atelier-Museu Júlio Pomar, 2015, pp. 122–123.*

13 — Conversation between Rui Chafes, Delfim Sardo and Nuno Faria, in Diários | Rui Chafes. *Lisbon: Pierre von Kleist Editions, 2022, pp. 4, 7.*

14 — Conversation between Doris von Drathen and Rui Chafes (2001), published in Rui Chafes, O Silêncio de... *Lisbon: Assírio & Alvim, 2006, p. 152.*

15 — 'Sou como tu/Miguel Amado e Rui Chafes', in Sou como tu. *Lisbon: Fundação PLMJ, 2008, p. 13.*

16 — Rui Chafes's speechs at the AICA award ceremony, 21 October 2022.

17 — Conversation between Doris von Drathen and Rui Chafes (2001), published in Rui Chafes, O Silêncio de... *Lisbon: Assírio & Alvim, 2006, p. 159.*

18 — Rui Chafes's speech at the Pessoa Prize award, 15 April 2016.

19 — Rui Chafes, 'O perfume das buganvílias', in Entre o Céu e a Terra. *Lisbon: Sistema Solar, 2012, p. 61.*

20 — Rui Chafes, 'O perfume das buganvílias', in Entre o Céu e a Terra. *Lisbon: Sistema Solar, 2012, p. 53.*

21 — 'Uma espécie de pureza na catástrofe', interview by Alexandra Lucas Coelho (2000), in Rui Chafes, O Silêncio de... *Lisbon: Assírio & Alvim, 2006, p. 141.*

22 — Conversation between Doris von Drathen and Rui Chafes (2001), in Rui Chafes, O Silêncio de... *Lisbon: Assírio & Alvim, 2006, p. 154.*

23 — Conversation between Doris von Drathen and Rui Chafes (2001), in Rui Chafes, O Silêncio de... *Lisbon: Assírio & Alvim, 2006, pp. 158–159.*

24 — Rui Chafes, 'O perfume das buganvílias', in Entre o Céu e a Terra. *Lisbon: Sistema Solar, 2012.*

25 — Rui Chafes's speech at the AICA award ceremony, 21 October 2022.

26 — Rui Chafes, 'A paisagem vazia' (1992), in Rui Chafes, O Silêncio de... *Lisbon: Assírio & Alvim, 2006, p. 41.*

27 — Interview by António Guerreiro, 1997, in Rui Chafes, O Silêncio de... *Lisbon: Assírio & Alvim, 2006, p. 130.*

28 — Conversation between Doris von Drathen and Rui Chafes (2001), in Rui Chafes, O Silêncio de... *Lisbon: Assírio & Alvim, 2006, p. 153.*

29 — 'De gestos e rasuras', Rui Chafes interviewed by José Sousa Machado and Pedro Teixeira Neves (2000), in Rui Chafes, O Silêncio de... *Lisbon: Assírio & Alvim, 2006, p. 147.*

30 — Conversation between Marcio Doctors and Rui Chafes, Lisbon, July 2007, in Projecto Respiração NOCTURNO. *Rio de Janeiro: Fundação Eva Kablin, 2008, p. 140.*

31 — Conversation between Rui Chafes, Pedro Costa, Catherine David, and João Fernandes, in Fora/Out. *Porto: Museu de Serralves, 2007, p. 57.*

32 — 'Uma espécie de pureza na catástrofe', interview by Alexandra Lucas Coelho (2000), in Rui Chafes, O Silêncio de... *Lisbon: Assírio & Alvim, 2006, p. 139.*

33 — Conversation between Rui Chafes, Pedro Costa, Catherine David, and João Fernandes, in Fora/Out. *Porto: Museu de Serralves, 2007, p. 151.*

34 — Conversation between Rui Chafes, Pedro Costa, Catherine David, and João Fernandes, in Fora/Out. *Porto: Museu de Serralves, 2007, p. 89.*

35 — Rui Chafes, Sob a pele, conversas com Sara Antónia Matos. *Lisbon: Atelier-Museu Júlio Pomar, 2015, p. 170.*

36 — Rui Chafes, in Durante o Fim, *a film by João Trabulo, 2003, in Rui Chafes,* O Silêncio de... *Lisbon: Assírio & Alvim, 2006, p. 94.*

37 — Rui Chafes, Sob a pele, conversas com Sara Antónia Matos. *Lisbon: Atelier-Museu Júlio Pomar, 2015, pp. 30–31.*

38 — Rui Chafes, 'Talvez' (2006), in Rui Chafes, O Silêncio de... *Lisbon: Assírio & Alvim, 2006, p. 60.*

39 — Rui Chafes's speech at the Pessoa Prize award, 15 April 2016.

40 — Rui Chafes's speech at the AICA award ceremony, 21 October 2022.

41 — Rui Chafes, Sob a pele, conversas com Sara Antónia Matos. *Lisbon: Atelier-Museu Júlio Pomar, 2015, p. 63.*

42 — Rui Chafes, 'Talvez' (2006), in Rui Chafes, O Silêncio de... *Lisbon: Assírio & Alvim, 2006, p. 59.*

43 — Conversation between Rui Chafes, Pedro Costa, Catherine David, and João Fernandes, in Fora/Out. *Porto: Museu de Serralves, 2007, pp. 109, 111.*

44 — Rui Chafes, 'Talvez' (2006), in Rui Chafes, O Silêncio de... *Lisbon: Assírio & Alvim, 2006, p. 60.*

45 — 'Sou como tu/Miguel Amado e Rui Chafes', in Sou como tu. *Lisbon: Fundação PLMJ, 2008, p. 11.*

46 — Rui Chafes's speech at the Pessoa Prize award, 15 April 2016

47 — Conversation between Marcio Doctors and Rui Chafes, Lisbon, July 2007, in Projecto Respiração NOCTURNO. *Rio de Janeiro: Fundação Eva Kablin, 2008, p. 124.*

48 — Conversation between Doris von Drathen and Rui Chafes (2001), in Rui Chafes, O Silêncio de... *Lisbon: Assírio & Alvim, 2006, p. 158.*

49 — Rui Chafes's speech at the AICA award ceremony, 21 October 2022.

50 — 'O Silêncio de...' in Rui Chafes, O Silêncio de... *Lisbon: Assírio & Alvim, 2006, p. 23.*

51 — Rui Chafes, in Durante o Fim, *a film by João Trabulo, 2003, in Rui Chafes,* O Silêncio de... *Lisbon: Assírio & Alvim, 2006, p. 94.*

52 — Conversation between Doris von Drathen and Rui Chafes (2001), published in Rui Chafes, O Silêncio de... *Lisbon: Assírio & Alvim, 2006, p. 157.*

53 — 'De gestos e rasuras', Rui Chafes interviewed by José Sousa Machado and Pedro Teixeira Neves (2000), in Rui Chafes, O Silêncio de... *Lisbon: Assírio & Alvim, 2006, p. 148.*

54 — *Rui Chafes,* Sob a pele, conversas com Sara Antónia Matos. *Lisbon: Atelier-Museu Júlio Pomar, 2015, pp. 28, 34.*

55 — *Rui Chafes, 'A Vocação do Medo' (1990), in* Rui Chafes, O Silêncio de... *Lisbon: Assírio & Alvim, 2006, pp. 28–29.*

56 — *'Nascidos noutro lugar', Rui Chafes interviewed by Alexandre Melo, in Rui Chafes,* O Silêncio de... *Lisbon: Assírio & Alvim, 2006, p. 119.*

57 — *Rui Chafes's speech at the Pessoa Prize award, 15 April 2016.*

58 — *Rui Chafes, 'Durante o Fim' (2000), in Rui Chafes,* O Silêncio de... *Lisbon: Assírio & Alvim, 2000, p. 19.*

59 — *Rui Chafes, 'Durante o Fim' (2000), in Rui Chafes,* O Silêncio de... *Lisbon: Assírio & Alvim, 2006, p. 70.*

60 — *Conversation between Marcio Doctors and Rui Chafes, Lisbon, July 2007, in* Projecto Respiração NOCTURNO. *Rio de Janeiro: Fundação Eva Kablin, 2008, p. 104.*

61 — *Rui Chafes, 'Durante o Fim' (2000), in* Rui Chafes, O Silêncio de... *Lisbon: Assírio & Alvim, 2006, p. 70.*

62 — *Conversation between Doris von Drathen and Rui Chafes (2001), in Rui Chafes,* O Silêncio de... *Lisbon: Assírio & Alvim, 2006, p. 159.*

Alberto Giacometti

p. 55
Tête d'homme dans un cadre
Head of a man in a frame, c. 1949
Lápis sobre papel / *Pencil on paper*
51 × 34,5 cm
Coleção / *Collection*
Fondation Giacometti
Succession Alberto Giacometti /
Adagp, Paris, 2023

p. 56
Tête d'homme
Head of a man, c. 1961
Caneta preta sobre papel / *Ballpoint on paper*
23,6 × 20 cm
Coleção / *Collection*
Fondation Giacometti
Succession Alberto Giacometti /
Adagp, Paris, 2023

p. 57
Têtes (projeto para Pierre Loeb,
«Regards sur la peinture», Paris, La Hune,1950)
Heads (project for Pierre Loeb, 'Regards sur la peinture', Paris, La Hune, 1950), 1949-1950
Lápis sobre papel de carta / *Pencil on letter paper*
26,9 × 20,9 cm
Coleção / *Collection*
Fondation Giacometti
Succession Alberto Giacometti /
Adagp, Paris, 2023

p. 58
Tête de Diego / *Head of Diego*, c. 1946
Lápis sobre página de caderno de desenho
Pencil on sketchbook page
31,9 × 24 cm
Coleção / *Collection*
Fondation Giacometti
Succession Alberto Giacometti /
Adagp, Paris, 2023

p. 59
Tête de Diego / *Head of Diego*, 1934-1941
Argila / *Clay*
9,5 × 5,4 × 7,7 cm
Coleção / *Collection*
Fondation Giacometti
Succession Alberto Giacometti /
Adagp, Paris, 2023

pp. 60, 61
Tête d'homme
Head of a man, c. 1946
Argila não cozida / *Unbaked clay*
10,1 × 4,3 × 7 cm
Coleção / *Collection*
Fondation Giacometti
Succession Alberto Giacometti /
Adagp, Paris, 2023

pp. 62, 63
Tête d'homme / *Head of a man*, c. 1950
Gesso pintado / *Painted plaster*
8 × 3 × 4,7 cm
Coleção / *Collection*
Fondation Giacometti
Succession Alberto Giacometti /
Adagp, Paris, 2023

p. 65
Figurine de la Cage (primeira versão)
Figurine for the Cage (first version), 1950
Bronze
20,8 × 4,8 × 6,7 cm
Coleção / *Collection*
Fondation Giacometti
Foto / *Photo*: J. P. Lagiewski
Succession Alberto Giacometti /
Adagp, Paris, 2023

p. 66
Figurine, c. 1956
Bronze
23,4 × 6,9 × 10,1 cm
Coleção / *Collection*
Fondation Giacometti
Foto / *Photo*: J. P. Lagiewski
Succession Alberto Giacometti /
Adagp, Paris, 2023

p. 67
Femme debout / *Standing woman*, 1956
Gesso / *Plaster*
31 × 7,6 × 10 cm
Coleção / *Collection*
Fondation Giacometti
Foto / *Photo*: J. P. Lagiewski
Succession Alberto Giacometti /
Adagp, Paris, 2023

p. 68
Femme debout / *Standing woman*, c. 1952
Gesso / *Plaster*
61,7 × 11 × 21 cm
Coleção / *Collection*
Fondation Giacometti
Foto / *Photo*: J. P. Lagiewski
Succession Alberto Giacometti /
Adagp, Paris, 2023

p. 69
Toute petite figurine
Very small figurine, 1937-1939
Gesso / *Plaster*
4,5 × 3 × 3,8 cm
Coleção / *Collection*
Fondation Giacometti
Succession Alberto Giacometti / Adagp, Paris, 2023

p. 70
Annette debout
Annette standing, c. 1954
Bronze
47,5 × 10,5 × 19,5 cm
Coleção / *Collection*
Fondation Giacometti
Succession Alberto Giacometti / Adagp, Paris, 2023

p. 71
Homme à mi-corps
Half-length of a man, 1965
Bronze
59,4 × 19 × 32,1 cm
Coleção / *Collection*
Fondation Giacometti
Succession Alberto Giacometti / Adagp, Paris, 2023

p. 72
Buste d'homme (Lotar II)
Bust of a man (Lotar II), 1964-1965
Bronze
58,2 × 37,5 × 25,9 cm
Coleção / *Collection*
Fondation Giacometti
Succession Alberto Giacometti / Adagp, Paris, 2023

p. 73
Buste d'homme
Bust of a man, 1956
Bronze
35,1 × 30,8 × 9,9 cm
Coleção / *Collection*
Fondation Giacometti
Succession Alberto Giacometti / Adagp, Paris, 2023

p. 74
Buste d'homme (chamado New York I)
Bust of a man (known as New York I), 1965
Bronze
53,9 × 29,4 × 17,8 cm
Coleção / *Collection*
Fondation Giacometti
Succession Alberto Giacometti / Adagp, Paris, 2023

p. 75
Tête au grand nez
Head with a large nose, 1958
Bronze
51,6 × 14,1 × 15,4 cm
Coleção / *Collection*
Fondation Giacometti
Succession Alberto Giacometti / Adagp, Paris, 2023

p. 77
Le Nez / *The Nose*, 1947-1950
Gesso / *Plaster*
43 × 9,7 × 23 cm
Coleção / *Collection*
Fondation Giacometti
Succession Alberto Giacometti / Adagp, Paris, 2023

Rui Chafes
Alberto Giacometti

pp. 78-79
La Nuit / *The Night*, 2018
Ferro / *Iron*
81 × 28,5 × 287 cm
Coleção / *Collection*
Fondation Giacometti
—
Le Nez / *The Nose*, 1947-1950
Gesso / *Plaster*
43 × 9,7 × 23 cm
Coleção / *Collection*
Fondation Giacometti
Foto / *Photo*: Alcino Gonçalves

Rui Chafes

p. 81
Tremor V, 2019
Ferro / *Iron*
198 × 18,5 × 5 cm
Coleção do artista / *Artist's collection*
Foto / *Photo*: Alcino Gonçalves

p. 82
Un autre corps I / *Another body I*, 2018
Ferro / *Iron*
79 × 27,5 × 24 cm
Coleção particular / *Private collection*
Foto / *Photo*: Alcino Gonçalves

p. 83
Avec rien / *With nothing*, 2018
Ferro / *Iron*
130 × 25 × 23 cm
Coleção particular / *Private collection*
Foto / *Photo*: Alcino Gonçalves

p. 84
Nada existe / *Nothing exists*, 2020
Ferro / *Iron*
146 × 27 × 21 cm
Coleção particular / *Private collection*
Foto / *Photo*: Alcino Gonçalves

p. 85
Tu nem sequer me vês
You don't even see me, 2021
Ferro / *Iron*
114 × 44 × 42 cm
Coleção do artista / *Artist's collection*
Foto / *Photo*: Alcino Gonçalves

p. 86
Nada existe IX / *Nothing exists IX*, 2022
Ferro / *Iron*
107 × 19 × 27 cm
Coleção do artista / *Artist's collection*
Foto / *Photo*: Alcino Gonçalves

p. 87
Nada existe VII / *Nothing exists VII*, 2022
Ferro / *Iron*
94,6 × 33 × 19 cm
Coleção do artista / *Artist's collection*
Foto / *Photo*: Alcino Gonçalves

p. 88
Aprendemos a esquecer II
We learn to forget II, 2021
Ferro / *Iron*
194 × 40 × 40 cm
Coleção particular / *Private collection*
Foto / *Photo*: Alcino Gonçalves

p. 89
Aprendemos a esquecer I
We learn to forget I, 2021
Ferro / *Iron*
183 × 40 × 40 cm
Coleção particular / *Private collection*
Foto / *Photo*: Alcino Gonçalves

pp. 92-93
Occhi che non dormono
Sleepless eyes, 2020
Ferro / *Iron*
310 × 160 × 860 cm
Fondazione Centro Giacometti, Stampa,
Suíça / Switzerland
Foto / *Photo*: Marco Giacometti
—
Diaporama: Pedro Falcão a partir de fotografias
de Marco Giacometti e de Rui Chafes
Slideshow: Pedro Falcão from photographs
by Marco Giacometti and Rui Chafes

pp. 98-101
Au-delà des Yeux / *Beyond the eyes*, 2018-2023
Ferro / *Iron*
204 × 365 × 930 cm
Coleção do artista / *Artist's collection*

pp. 112-115
Lumière / *Light*, 2018
Ferro / *Iron*
213 × 136 × 400 cm
Coleção do artista / *Artist's collection*

Rui Chafes

Nasceu em 1966 em Lisboa, onde atualmente vive. Fez o curso de Escultura na Faculdade de Belas-Artes de Lisboa entre 1984 e 1989. De 1990 a 1992 estudou na Kunstakademie Düsseldorf com Gerhard Merz. Durante esta estadia, traduziu de alemão para português os *Fragmentos de Novalis*, tendo o livro sido editado pela Assírio & Alvim em 1992. Desde meados dos anos de 1980, o seu trabalho tem sido exposto em Portugal e no estrangeiro. Em 1995 representou Portugal, juntamente com José Pedro Croft e Pedro Cabrita Reis, na 46.ª Bienal de Veneza e em 2004 na 26.ª Bienal de São Paulo, com um projeto conjunto com Vera Mantero. Em 2011 realizou uma exposição individual nos Sassi di Matera, em Itália. Em 2013 foi um dos artistas internacionais convidados para expor no Pavilhão da República de Cuba na 55.ª Bienal de Veneza. Realizou exposições individuais em galerias e museus em Portugal e em diversos países e o seu trabalho está representado em várias coleções institucionais e particulares. Tem algumas obras permanentes em espaços públicos, em diversos países. Em 2018, expôs esculturas de grandes dimensões em vários espaços públicos da cidade de Bamberg, na Alemanha. No mesmo ano, realizou uma exposição «em diálogo» com Alberto Giacometti, na Delegação de França da Fundação Calouste Gulbenkian, em Paris. Em 2020 criou uma escultura permanente no jardim da Fondazione Centro Giacometti, em Stampa, na Suíça. Em 2022 realizou uma exposição com Pedro Costa e Paulo Nozolino no Centre Pompidou, em Paris, e uma exposição individual no Museu de Arte Contemporânea de Serralves, no Porto. Em 2004 recebeu o Prémio de Escultura Robert-Jacobsen, atribuído pela Stiftung Würth, na Alemanha. Em 2015 recebeu o Prémio Pessoa, atribuído pelo jornal *Expresso*. Em 2021 recebeu o Prémio AICA.

Rui Chafes was born in 1966 in Lisbon, the city where he currently lives. Between 1984 and 1989, he completed a degree in Sculpture from the Faculty of Fine Arts of Lisbon and, from 1990 to 1992, studied at the Kunstakademie Düsseldorf with Gerhard Merz. During this latter period, he translated Novalis' Fragments *from German into Portuguese, an edition published by Assírio & Alvim in 1992. Chafes's work has been exhibited in Portugal and abroad since the mid-1980s. In 1995, together with José Pedro Croft and Pedro Cabrita Reis, he represented Portugal at the 46th Venice Biennale, and did the same in 2004 at the 26th São Paulo Biennale with a joint project with Vera Mantero.*
In 2011, he held a solo exhibition at the Sassi di Matera in Italy. In 2013, he was one of several international artists invited to exhibit at the Pavilion of the Republic of Cuba at the 55th Venice Biennale. He has held solo exhibitions in galleries and museums throughout Portugal and in several countries abroad, and his work is represented in various institutional and private collections. His works are on permanent display in public spaces in several countries. In 2018, he exhibited large sculptures in various public spaces in the city of Bamberg, Germany. In the same year he held an exhibition 'in dialogue' with Alberto Giacometti at the Fondation Gulbenkian in Paris. In 2020, he made a permanent sculpture in the garden of the Fondazione Centro Giacometti in Stampa, Switzerland. In 2022, he held an exhibition with Pedro Costa and Paulo Nozolino at the Centre Pompidou in Paris, and a solo exhibition at the Museu de Arte Contemporânea de Serralves in Porto. In 2004, he received the Robert-Jacobsen Sculpture Prize from the Stiftung Würth in Germany. In 2015, he received the Pessoa Prize, awarded by the Expresso *newspaper.*
In 2021, he received the International Association of Art Critics Award (AICA).

Alberto Giacometti

Nascido em 1901, em Borgonovo, na Suíça, Alberto Giacometti é filho de Giovanni Giacometti, consagrado pintor pós-impressionista. Foi no estúdio de seu pai que se iniciou na arte, realizando as suas primeiras obras aos 14 anos: uma pintura a óleo de uma natureza-morta com maçãs e um busto esculpido do seu irmão Diego. Em 1922, Giacometti parte para Paris com o intuito de continuar a sua formação, ingressando então na Académie de la Grande Chaumière, onde frequenta as aulas do escultor Antoine Bourdelle. Durante esse período, pratica desenho de modelo e interessa-se por composições vanguardistas, em especial as pós-cubistas. Em 1929, inicia uma série de esculturas de mulheres «planas», cuja novidade lhe granjeia a atenção do meio artístico surrealista. Em 1931, Giacometti adere ao movimento surrealista de André Breton e os temas surrealistas ganham importância na sua obra: amor e morte, visões oníricas, objetos com funções simbólicas. Simultaneamente, cria numerosos objetos utilitários para o decorador vanguardista Jean-Michel Frank: candeeiros, vasos, apliques. A partir de 1935, distancia-se do grupo surrealista e dedica-se intensamente à questão da cabeça humana, que se transforma num tema central de investigação para o resto da sua vida. Depois dos anos da guerra, passados na Suíça, regressa a Paris e retoma as suas pesquisas sobre a figura humana. Os seus modelos favoritos são as pessoas que lhe são próximas: Annette, sua esposa desde 1949, e Diego, seu irmão e assistente. Trabalhando sempre a partir de modelos vivos, tem como objetivo reproduzir o modelo tal como o vê, na sua permanente mutabilidade. Outras vezes, as suas figuras tornam-se anónimas, colocadas sobre pedestais que as isolam do chão ou em «gaiolas» que traçam um espaço virtual. Em 1958, é convidado a apresentar um projeto para a praça defronte do Chase Manhattan Bank, em Nova Iorque, escolhendo reproduzir em grandes dimensões os três motivos que assombram a sua obra a partir de 1948: uma figura feminina de pé, um homem em marcha e uma cabeça monumental. O monumento acaba por não ser instalado em Nova Iorque, mas Giacometti apresenta uma primeira versão do conjunto em bronze na Bienal de Veneza de 1962, onde é galardoado com o Grande Prémio de Escultura. Depois do grande sucesso das suas retrospetivas em Zurique, Basileia, Londres e Nova Iorque, Alberto Giacometti vê-se muito debilitado por um cancro, vindo a falecer em janeiro de 1966 no hospital de Chur, na Suíça.

Born in 1901 in Borgonovo, Switzerland, Alberto Giacometti was the son of Giovanni Giacometti, a renowned Post-Impressionist painter. His first lessons in art were in his father's studio and it was there that he produced his first works at the age of fourteen: a still life with apples, painted in oil, and a sculpted bust of his brother Diego. In 1922, Giacometti went to study in Paris and was admitted to the Académie de la Grande Chaumière, where he took lessons from the sculptor Antoine Bourdelle. It was then that he learned the technique of drawing from a model and became interested in avant-gardist compositions, especially those by the Post-Cubists. In 1929, he began a series of 'flat' female figures, whose novelty got him noticed by the Surrealist artistic milieu. In 1931, Giacometti joined André Breton's Surrealist movement. Surrealist subjects have an important place in his oeuvre: love and death, dreamlike visions, objects with a symbolic function. Meanwhile, he created a number of utilitarian objects, such as lamps, vases and wall lights, for the avant-garde decorator Jean-Michel Frank. From 1935, he broke away from the Surrealist group to focus intensely on the question of the human head, which remained a central element in his research throughout his life. After spending the war years in Switzerland, he returned to Paris, and addressed himself once again to investigating the human figure. His preferred models were those who lived alongside him: Annette, his wife from 1949, and Diego, his brother and assistant. Working from life, he aimed to represent his models as he saw them, in their ever-changing aspects. At other times, his figures become anonymous, placed on plinths that isolate them from the ground, or contained in 'cages' that circumscribe a virtual space. In 1958, he was invited to submit a project for the plaza in front of the Chase Manhattan Bank in New York. He chose to reproduce large-scale versions of the three motifs that had haunted his work since 1948: a standing female figure, a walking man and a monumental head. In the end, the artwork was not installed in New York, but Giacometti presented a first bronze version of the group at the Venice Biennale in 1962, for which he won the Grand Prize in sculpture. After the huge success of his retrospectives in Zurich, Basel, London and New York, Alberto Giacometti, weakened by cancer, died in January 1966 at the hospital in Coire, Switzerland.

Rui Chafes e Alberto Giacometti.
Gris, Vide, Cris
Fundação Calouste Gulbenkian
Galeria do Piso Inferior
18 de maio a 18 de setembro de 2023
Calouste Gulbenkian Foundation
Lower Gallery
18 May to 18 September 2023

Esta exposição foi apresentada originalmente na Delegação em França da Fundação Gulbenkian em Paris, de 3 de outubro a 16 de dezembro de 2018.
This exhibition took place originally at the French Delegation of the Calouste Gulbenkian Foundation in Paris, from 3 October to 16 December 2018.

CAM – Centro de Arte Moderna Gulbenkian

Direção / *Directors*
Benjamin Weil (diretor / *director*)
Ana Botella (diretora-adjunta / *deputy director*)

Equipa de gestão / *Management team*

Ana Vasconcelos (curadora / *curator*)

Helena de Freitas (curadora e assessora de projetos especiais / *curator and special projects advisor*)

Leonor Nazaré (curadora e assessora / *advisor and curator*)

Margarida Mafra (coordenação da coleção / *head of collection*)

Patrícia Rosas (coordenação da divulgação / *head of diffusion*)

Rita Albergaria, coordenação de exposições / *head of exhibitions*)

Rita Fabiana (coordenação de live arts / *head of live arts*)

Susana Gomes da Silva (coordenação da educação / *head of education*)

Fondation Giacometti

Catherine Grenier (diretora da Fondation Giacometti e presidente do Institut Giacometti / *director of the Fondation Giacometti and president of the Institut Giacometti*)

Soizic Wattinne (diretora adjunta / *deputy director*)

Françoise Cohen (direção artística do Institut Giacometti / *artistic director of the Institut Giacometti*)

Émilie Bouvard (diretora científica e de coleções / *director of collections and scientific programme*)

Alban Chaine (coordenador de registrars, gestor de coleções / *head of registrars, collection manager*)

Salomé Dolinski (responsável pelas edições / *publication officer*)

Émilie Bouchet-Le Mappian (responsável dos assuntos jurídicos / *head of legal affairs*)

Bertille Gauthier (responsável pela comunicação / *head of communication*)

Exposição / *Exhibition*

Curadoria / *Curator*
Helena de Freitas

Arquitetura da exposição / *Exhibition space design*
José Neves
colaboração / *collaboration*
Fernando Vieira
Duarte Guerreiro

Projeto gráfico / *Graphic project*
Atelier Pedro Falcão

Produção / *Production*
Francisca Listopad
Vera Barreto

Equipa técnica de Rui Chafes / *Rui Chafes's technical team*
Carlos Venâncio
Paulo Vera

Instalação das obras / *Installation*
Jacinto Ramos
Laurindo Marta
Michael Bennett
Rui Nunes

Instalação audiovisual / *Audiovisual installation*
João Hora
Manuel Rodrigues
José Gouveia

Iluminação / *Lighting*
Manuel Mileu
Paulo Praia

Divulgação / *Diffusion*
Ana Teresa Santos
Catarina Andrade
Maria Carolina Cruz
Rita Romão

Comunicação / *Communication*
Elisabete Caramelo
Luís Proença
Leonor Vaz

Marketing e Transformação Digital / *Marketing and Digital Transformation*
Nuno Prego
Susana Prudêncio
Clara Vilar
Pedro Relvas

Apoio financeiro / *Financial support*
Augusto Ferreira

Mecenas / *Sponsors*

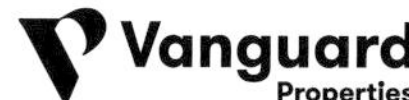

Julius Bär

Livro / *Book*

Coedição / *Co-publishing*
CAM – Centro de Arte Moderna Gulbenkian
La Fábrica

Coordenação científica / *Scientific coordination*
Helena de Freitas

Coordenação editorial / *Editorial coordination*
Patrícia Rosas
Ana Teresa Santos
La Fábrica

Design gráfico / *Graphic design*
Pedro Falcão
Proporção / *Ratio*
[1:1,414] – 21,9 × 31 cm
Tipos de letra / *Typefaces*
Vedrigis; Grosa Mono; Grosa

Ensaios / *Essays*
Christian Alandete
Doris von Drathen
Helena de Freitas
Rui Chafes
Virginia Marano

Tradução / *Translation*
Kennistranslations

Revisão de texto / *Proofreading*
Art in Translation

Fotografias da instalação / *Installation shots*
Alcino Gonçalves (pp. 96-117)

Pré-impressão / *Pre-press*
La Troupe

Impressão e acabamento / *Printing and finishing*
Artes Gráficas Palermo

Imagem da capa e pp. 78-79 / *Cover image and pp. 78-79*
Rui Chafes, *La Nuit*, 2018, com escultura em gesso de / *with plaster sculpture by* Alberto Giacometti, *Le Nez* (pormenor / *detail*)
Foto / *Photo*: Sandra Rocha
e / *and* Guillaume Pazat

p. 3
Poema / *Poem*
Alberto Giacometti, «La peur, La mort ondulée claire...», 1931-1932, in Alberto Giacometti, *Écrits*. Paris: Éditions Hermann, 2013, p. 359.
(excerto / *excerpt*)

p. 5
Ateliê de Alberto Giacometti / *Alberto Giacometti's studio*, 1966
Foto / *Photo*: Sabine Weiss
Archives Fondation Giacometti

p. 9
Ateliê de Rui Chafes / *Rui Chafes's studio*, 2021
Foto / *Photo*: Pedro Falcão

pp. 23 e / *and* 24
Vista da exposição na Delegação de Paris da Fundação Calouste Gulbenkian / *View of the exhibition at the Calouste Gulbenkian Foundation's Paris Delegation*, 2018
Foto / *Photo*: Sandra Rocha
e / *and* Guillaume Pazat

pp. 32-33
Foto / *Photo*: Alcino Gonçalves

p. 124
Rui Chafes com *Tête d'homme* de Alberto Giacometti / *Rui Chafes with* Tête d'homme *by Alberto Giacometti*
Foto / *Photo*: Helena de Freitas

ISBN
978-84-18934-79-7 (La Fábrica)
978-989-8758-90-3 (CAM)

Tiragem / *Print run*
2000 exemplares / *copies*

Depósito Legal / *Legal Depot*
M-7798-2023

Coedição / *Co-publishing*

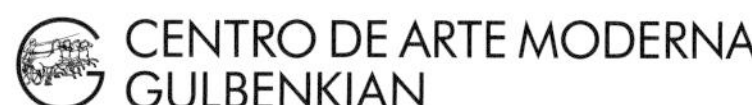

LA FABRICA